우리는
행동경제학에
진심

바운드 지음
이누카이 케이고
(메이지가쿠인대학교 경제학부 준교수) 감수

봄나무

시작하며

바람직하게 선택하는 '선택의 달인'이 되자!
더 나은 인생, 더 좋은 세상을 만들어 보자!

우리는 날마다 아주 많은 선택을 하면서 살아요. 어떤 옷을 입을지, 무엇을 먹을지, 게임과 공부 중 무엇부터 할지처럼요. 이렇게 사소한 선택이 있는가 하면, 가끔은 인생 전체를 좌우하는 중요한 선택도 하지요. 이런 선택들이 차곡차곡 쌓여서 '나'라는 한 사람이 만들어진다고 할 수 있어요.

행동경제학은 사람들이 어떤 생각으로, 어떤 선택을 하는지 연구하는 학문이에요. 행동경제학에서는 크게 두 갈래로 나누어 연구한답니다.

첫 번째 갈래는 '무엇이 올바른 선택'인지 연구해요. 인간이라면 누구나 올바른 선택을 하고 싶어 해요. 행동경제학에서는 "합리적인 인간은 어떤 선택을 하는가?"라는 질문에 경제학의 시선으로 올바른 선택은 무엇인지 연구해요.

두 번째 갈래는 관찰과 실험으로 실제 인간이 어떻게 선택하는지 연구해요. 사람들은 언제나 올바르게 선택하지 않아요. 가끔은 눈앞의 유혹에 넘어가기도 하고 충분한 고민 없이 섣부르게 결정할 때도 있지요. 행동경제학에서는 우리가 무언가를 선택할 때 인간의 어떤 특징이 영향을 주는지도 연구해요.

그렇다면 우리는 행동경제학에서 무엇을 얻을 수 있을까요? 바로 올바르게 선택하는 사람으로 성장하는 데에 도움을 받을 수 있답니다. 인간은 누구나 선택을 잘하고 싶어 해요. 그래서 중요한 결정을 내려야 할 때는 부모님, 선생님, 친구에게 상담하지요. 다른 한편으로는 인터넷에서 다양한 정보를 모으기도 해요. 하지만 여러 사람의 의견을 듣고 다양한 정보를 모으다 보면, 정보가 너무 많아져서 무엇이 좋은 선택인지 헷갈릴 때가 있어요. 그런 순간에 행동경제학을 활용하면 눈앞  의 정보가 정리되어서 좋은 선택에 도움이 돼요. 끊임없이 선택이 이어지는 인생에서 행동경제학을 이용해 잘 선택할 수 있다면 여러분의 인생도 더 나아질 수 있어요.

지금까지 여러분이 잘 선택하기 위한 행동경제학의 활용을 이야기해 보았어요. 그럼 이제는 시야를 좀 더 넓혀서 우리가 사는 세상을 이야기해 볼게요. 행동경제학을 활용하면 여러분의 친구나 주변 사람들이 좋은 선택을 하도록 도울 수도 있어요. 행동경제학은 다른 사람이 더 나은 선택을 할 수 있도록 이끄는 방법도 연구하고 있거든요.

지금 우리가 사는 세상은 아주 빠르게 달라지고 있어요. 이런 변화에서 스스로와 세상에게 좋은 선택이란 무엇인지 고민해 보세요. 여러분의 인생은 물론 우리가 살아가는 세상을 더 좋은 곳으로 만드는 데 도움이 될 거예요. 이 책을 읽기로 한 여러분의 선택이 스스로의 인생을 더 낫게 만들고 더 좋은 세상을 고민해 보는 기회로 이어지기 바랍니다.

메이지가쿠인대학교 경제학부 준교수
이누카이 케이고

차례

- **시작하며** ··· 2

제 1 장

무엇을 고를까? 고를 때 어떤 생각이 들까?

1. 한때는 실컷 입었던 비싼 옷을 버릴까 말까? ································· 10
2. 'A, B, C'에서 무엇을 선택할까? ··· 12
3. 많은 돈을 받을 수 있다면 하루를 더 기다릴까 말까? ······················· 14
4. 둘 다 '5,000원 이익'인데 똑같이 느껴질까? ·································· 16
5. '죄수의 딜레마'를 생각해 보자! ··· 18

COLUMN
미래에는 디지털이 가치를 바꿀 수 있다! ·· 20

제 2 장

인간은 이해하지 못할 행동을 한다?

1. 복권에 당첨될 확률은 너무 낮지만…… ··· 22
2. 지금이라면 사지 않을 옷을 왜 버리지 못할까? ································ 24
3. 재미없는 만화책을 끝까지 볼 필요가 있을까? ································ 26

4	무료라면 몇 시간이나 줄을 서서 기다릴 가치가 있을까?	28
5	돈을 준다는데도 거절하는 이유는 무엇일까?	30
6	자신이 모두 받을 수 있는 상황에서는 정말 모두 받을까?	32

COLUMN
메타버스를 통해 시공간을 초월하는 시대가 온다! ········· 34

제 3 장

행동경제학과 경제학은 어떻게 다를까?

1	인간은 비합리적인 동물일지도 모른다?	36
2	'행동경제학'과 '경제학'은 어떻게 다를까?	38
3	인간의 마음은 복잡해서 이익과 손해만으로 판단하지 않는다?	40
4	행동경제학으로 노벨상을 받은 사람들	42
5	행동경제학의 기초 '전망 이론'	44
6	알아 두면 쓸모 있는 '기댓값' ①	46
7	알아 두면 쓸모 있는 '기댓값' ②	48
8	분명함을 좋아하는 '확실성 효과'	50
9	확실성을 따지는 사람이라도 그렇지 않을 때가 있다?	52
10	손해를 봤을 때의 슬픔이 더 큰 '손실 회피성'	54
11	우리는 어떻게 생각하는지 알아보자!	56

차례

12 휴리스틱이 틀릴 때도 많다! ········· 58

COLUMN
실험과 경제학이 더해진 '실험경제학'이란? ········· 60

제 4 장

치우쳐 생각하는 경향을 알아보자!

1 인간을 비합리적이게 하는 '편향'이란? ········· 62
2 현재를 위해 중요한 일을 나중으로 미룬다! ········· 64
3 지금 이대로도 괜찮다고 생각한다! ········· 66
4 자신이 믿고 싶은 대로만 믿으려고 한다! ········· 68
5 다른 사람들과 똑같이 행동하고 싶다! ········· 70
6 가지기 어려울수록 더욱 갖고 싶어진다! ········· 72
7 미래를 희망적으로 예상한다! ········· 74
8 처음에 나온 숫자에 영향을 받는다! ········· 76
9 가운데 선택지를 고르고 싶어 한다! ········· 78
10 그만두고 싶지만 그만둘 수 없다! ········· 80
11 같은 대상인데도 반응이 달라진다! ········· 82
12 자신에게 있는 것은 가치가 크다고 느낀다! ········· 84

COLUMN
이 세상은 아주 커다란 경제 실험실!? ········· 86

제 5 장

인간의 마음을 자연스럽게 이끄는 '넛지 이론'

1. 노벨상을 받은 '넛지 이론'이란? ···· 88
2. 넛지 이론의 네 가지 요소 'EAST' ···· 90
3. 넛지 이론의 'E'를 알아보자! ···· 92
4. 넛지 이론의 'A'를 알아보자! ···· 94
5. 넛지 이론의 'S'를 알아보자! ···· 96
6. 넛지 이론의 'T'를 알아보자! ···· 98
7. 넛지를 잘못 이용하면 '슬러지'가 된다! ···· 100
8. 부스트를 이용하여 더 나은 방향으로! ···· 102

COLUMN
경제학과 뇌 과학이 만난 신경경제학이란? ···· 104

제 6 장

행동경제학을 생활에 알맞게 써 보자!

1. 받고 싶은 생일 선물을 자연스럽게 부탁해 보자! ···· 106
2. 용돈을 올리기 위한 작전을 짜 보자! ···· 108
3. 판매자가 파 놓은 함정에 빠지지 않으려면? ···· 110

차례

| 4 | 돈을 모으는 비법은 저절로 모이게 하는 것! ········ 112
| 5 | 실패를 두려워하는 마음을 깨부수자! ········ 114

COLUMN
학문은 연결되어 있다! ········ 116

제 7 장

행동경제학을 잘 이용하는 마음가짐

| 1 | 자신의 감정에 솔직하게 따라 보자! ········ 118
| 2 | 이익과 손해를 따지면서 친구를 사귀지 마라! ········ 120
| 3 | "작은 손해를 보고 큰 이익을 얻어라."라는 말을 기억하자! ········ 122
| 4 | 합리만 따지는 인생은 지루하다! ········ 124

● 찾아보기 ········ 127

제 1 장

무엇을 고를까?

고를 때

어떤 생각이 들까?

1

한때는 실컷 입었던 비싼 옷을 버릴까 말까?

★ 자신이 직접 산 옷은 왠지 버리기 어렵다?

몇 년 전에 용돈과 세뱃돈을 모아서 마음에 쏙 드는 옷 두 벌을 샀다고 해 보세요. 하나는 5,000원짜리 옷이고, 다른 하나는 100,000원짜리 옷이에요. 그런데 유행이 계속 바뀌니 더 이상 그 옷들을 입고 싶지 않을 때가 오게 되지요.

실제로 여러분이 가지고 있는 옷들에서도 '두 번 다시 입을 일이 없을 것 같아.' 하고 어렴풋이 생각하면서도 버리지 못하는 옷이 있지 않나요? 그리고 가격이 싼 옷보다 비싼 옷일수록 버리는 게 더 망설여지지 않나요?

사실 두 벌 모두 앞으로 입지 않을 테니 둘 다 버려도 괜찮답니다.

"그렇기는 하지만 비싼 옷일수록 당연히 버리기 힘들잖아요."

왠지 이런 볼멘소리가 들려오는 듯하네요. 하지만 옷의 가격이 싸든 비싸든, 입지 않는 옷을 가지고 있어 봤자 아무 소용이 없기는 마찬가지예요. 그런데도 비싼 옷은 쉽게 버리지 못하는 사람이 많지요.

친구가 "이제 더 이상 안 입는 옷이 있는데 좀처럼 버리기가 힘들어."라고 말했을 때 여러분은 '그냥 버리면 될 텐데.'라고 생각하지 않을까요? 그러면서도 막상 자신의 옷은 버리지 못한다니, 참 이상한 일이에요.

> 둘 다 입지 않는 옷인데 비싼 옷일수록
> 버리기 어렵지 않나요?

생 각 해 보 자

- 입지 않는 옷을 잘 버리나요, 버리지 못하나요?
- 옷을 샀을 때 얼마나 기뻤나요?
- 옷을 버리려고 하면 어떤 생각이 드나요?

2

'A, B, C'에서 무엇을 선택할까?

★ 너무 비싸도 싫고 너무 싸도 싫다?

회전 초밥 음식점에서는 '한 접시당 얼마'라고 가격이 정해져 있어서 제법 싸게 초밥을 먹을 수 있어요. 이와 달리 고급 초밥 음식점에서는 좋아하는 종류만 골라서 주문할 수도 있고 세트 메뉴가 정해져 있기도 해요. 세트 메뉴는 주로 'A, B, C'처럼 세 가지를 준비해 놓고 그 가운데 하나를 선택하게 한답니다.

이를테면 어떤 초밥 음식점에 다음과 같은 세트 메뉴가 있다고 해 볼게요.

· A(16,000원) · B(13,000원) · C(10,000원)

여러분이라면 이 음식점에서 어떤 메뉴를 고르겠나요?

"모처럼 고급 음식점에 왔으니까 'A'로 먹어야지."라고 생각하는 친구가 있어요. "A는 너무 비싸니까 'C'가 좋겠어."라고 생각하는 친구도 있을 수 있어요. 그리고 "'A'는 너무 비싸고, 'C'를 고르면 사람들이 나를 구두쇠라고 생각할 수도 있으니 'B'로 주문해야지."라며 고민 끝에 결정하는 친구도 있겠지요.

이렇듯 세 가지 선택지가 주어진다면 가운데에 있는 선택지를 고르는 사람이 많다고 해요. 여러분도 'B'를 선택하지 않았나요?

생각해 보자

- 세 가지 선택지에서 가운데에 있는 것을 고른 적이 있나요? 그때 어떤 생각으로 가운데를 선택했는지 떠올려 봅시다.

3

많은 돈을 받을 수 있다면 하루를 더 기다릴까 말까?

★ 같은 '하루'라도 다르게 느껴질 때가 있다?

자, 질문입니다. 다음 보기에서 하나를 골라 보세요.

[질문 ①]

A. 100일 뒤에 10,000원 받기   B. 101일 뒤에 10,100원 받기

여러분은 혹시 B를 고르지 않았나요? B를 선택했다면 아마도 '어차피 100일이나 기다렸으니까 하루 더 기다리기 어려운 일도 아니야. 100원을 더 받으니 이익이지.'라고 생각했을 거예요.

이제 [질문 ①]의 두 가지 보기에서 돈을 받을 수 있는 시간을 100일씩 줄여서 다음과 같이 바꾸어 볼게요.

[질문 ②]

A. 지금 당장 10,000원 받기   B. 내일 10,100원 받기

이번에는 '하루를 기다려 봤자 고작 100원 더 받는다면 바로 받아야지.'라고 생각하며 A를 고르는 사람이 많을 거예요. 두 질문 모두 '하루를 더 기다리면 100원을 더 받을 수 있다.'라는 점은 같아요. 그런데도 [질문 ①]에서는 하루를 더 기다리는 쪽을 골랐지만 [질문 ②]에서는 기다리지 않는 쪽을 고른 사람은 어째서 그런 선택을 했을까요? 곰곰이 생각해 보면 조금 이상하지 않나요?

똑같은 '하루'니까 두 경우 모두 기다릴 수 있을까요?

'기다리는 하루'는 같은데 왜인지 다르게 느껴지지 않나요?

생각해보자

- 지금의 100원과 먼 미래의 100원 가운데 어느 쪽이 더 가치가 크게 느껴지나요?
- 시간이 100원의 가치를 다르게 만든다고 생각하나요?

4

둘 다 '5,000원 이익'인데 똑같이 느껴질까?

★ 같은 값인데도 가치가 다르게 느껴지는 불가사의

한 손에 세뱃돈을 쥔 채 쇼핑하러 간다고 상상해 보세요. 오늘은 그토록 갖고 싶었던 문구 세트와 옷을 사기로 한 날이랍니다.

문구 세트는 집 주변의 문구점에서 20,000원에 팔고, 자전거로 15분 걸리는 곳에 있는 문구점에서 15,000원에 팔고 있어요. 갖고 싶었던 옷은 집 주변의 옷 가게에서 200,000원에 팔고, 자전거로 15분 걸리는 곳의 옷 가게에서는 195,000원에 팔고 있어요. 여러분이라면 문구 세트와 옷을 어디에서 살 것 같나요?

이런 질문에 대부분 "자전거를 타고 문구 세트를 사러 간다."라고 하고, "옷은 집 주변에서 산다."라고 대답해요. 20,000원짜리를 5,000원 저렴하게 살 수 있으면 매우 싸다고 느끼지만, 200,000원짜리는 5,000원 저렴해져도 그렇게 싸다는 느낌은 들지 않아요. 그래서 '일부러 자전거를 타고 사러 갈 것까지는 없다.'라고 생각하기 쉽지요.

잘 생각해 보세요. 두 경우 모두 자전거를 타고 가서 물건을 샀을 때 얻는 이익은 5,000원이에요. 그러면 자전거를 타고 옷을 사러 가도 똑같은 이익이지 않을까요?

똑같이 5,000원 이익을 보지만 다르게 느껴져요.

20,000원 → 15,000원

200,000원 → 195,000원

앗? 둘 다 5,000원 싸졌잖아?

좋아! 문구 세트는 아주 싸니까 자전거를 타고 사러 가야지!

옷은 그다지 싸지지 않았으니까 가까운 데에서 사야지!

같은 5,000원의 이익이 다르게 느껴지다니 뭔가 이상하지 않나요?

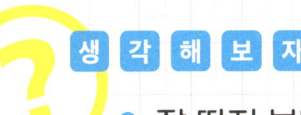

- 잘 따져 보면 둘 다 5,000원 싼 데도 문구 세트가 더 싸다고 느껴지지 않나요? 왜 그럴까요?

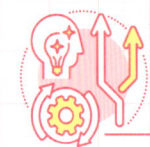

5

'죄수의 딜레마'를 생각해 보자!

★ 상대방의 행동에 따라서 결과가 바뀌니 어렵다?

지금부터 '죄수의 딜레마(Prisoner's Dilemma)'라는 개념을 알아볼게요.

수현이와 정원이가 칠판에 낙서하고 도망치다가 선생님이 그 모습을 보고 두 사람을 각각 다른 교실로 불렀어요. 하지만 두 사람이 낙서했다는 증거가 없어서 선생님은 다음과 같은 조건을 제시했답니다.

- 두 사람 모두 잘못을 고백하면, 3일 동안 벌 청소
- 두 사람 모두 잘못을 고백하지 않으면, 두 사람 모두 1일 동안 벌 청소
- 한 사람은 잘못을 고백하고 다른 한 사람은 하지 않으면, 잘못을 고백하지 않은 사람만 5일 동안 벌 청소

두 사람 모두 벌을 받고 싶지 않을 거예요. 그런데 수현이가 벌을 받지 않으려고 잘못을 고백하더라도 정원이도 같은 생각으로 잘못을 고백하면, 둘 다 3일 동안 벌 청소를 해야 합니다. 한편 수현이가 잘못을 고백하지 않고 정원이가 잘못을 고백하면 상황은 달라져요. 정원이는 벌을 받지 않고 넘어가지만 수현이는 5일 동안 벌 청소를 해야 하지요. 여기에서 문제는 친구가 잘못을 고백하는지, 하지 않는지에 따라서 받는 벌이 달라진다는 점이에요. 그러니 상대방의 행동을 예측하면서 자신의 행동을 결정해야 하지요.

자, 여러분이 수현이라면 어떻게 할 것 같나요?

자신에게 가장 유리한 선택은 무엇일까요?

여러분이 수현이나 정원이라고 생각해 보세요.
친구와 함께 낙서하고 도망치다가 선생님께 들켰어요.
잘못을 고백할지, 하지 않을지에 따라서 벌이 달라지니
어떻게 선택할지 고민해 보세요.

		수현	
		고백한다	고백하지 않는다
정원	고백한다	둘 다 3일 벌 청소	수현이는 5일 벌 청소 정원이는 벌 받지 않음
	고백하지 않는다	수현이는 벌 받지 않음 정원이는 5일 벌 청소	둘 다 1일 벌 청소

내가 잘못을 고백했을 때 정원이가 고백하지 않으면 나는 벌을 받지 않지만, 정원이도 잘못을 고백하면 둘 다 3일 동안 벌 청소를 해야 해.

벌 청소를 안 하는 게 가장 좋지만, 내가 잘못을 고백했는데 수현이도 고백하면 둘 다 3일 동안 벌 청소를 해야 해.

생각해 보자

- 다른 사람과 함께 있을 때 자신의 입장만 생각하여 판단하면 손해를 본다는 사실을 생각해 본 적 있나요?
- 혼자 이익을 보려고 하다가 잘못된 적이 있나요?

COLUMN

미래에는 디지털이 가치를 바꿀 수 있다!

디지털화가 진행되면서 우리 삶은 여러 면에서 편리해지고 있어요. 이를테면 유행성 감염병 바이러스가 전 세계에 퍼지자 회사에 출근하지 않고 일하는 재택근무가 늘었어요. 컴퓨터, 스마트폰, 태블릿 PC 같은 디지털 기기와 인터넷이 발달한 덕분에 집에서도 일할 수 있기 때문이에요.

이는 아주 큰 변화예요. 왜냐하면 예전에는 시간을 들여서 회사까지 가지 않으면 돈을 벌 수 없었지만, 지금은 집 밖으로 나가지 않아도 컴퓨터로 화상 회의를 하거나 서류를 주고받으면서 돈을 벌 수 있기 때문이에요. 관점을 조금 바꾸어 보면, 디지털 기기를 사용함으로써 자신의 몸을 움직이지 않아도 회사에 갔을 때와 똑같이 일할 수 있으니, "회사에 간다."라는 행동의 가치가 예전보다 낮아졌다고 말할 수 있어요.

디지털 기술이 더욱 발전하면 화면에서 말이 통하지 않는 외국 사람들과 통역 없이 이야기할 수 있을지도 몰라요. 특수 기기를 장착하면 화면 너머의 사람이 휘두른 주먹에 실제로 통증을 느낄 수 있을지도 모르고요. 그렇게 되면 재택근무가 "회사에 간다."라는 행동의 가치를 바꾸었듯이, 다양한 분야의 '가치'가 지금까지와는 다르게 바뀔 수 있어요. 우리는 그런 시대를 살고 있답니다.

제 2 장

인간은

이해하지 못할

행동을 한다?

1

복권에 당첨될 확률은 너무 낮지만……

★ 당첨되기 어려운 복권을 왜 사는 걸까?

'1등 복권에 당첨되면 뭘 하지?'라고 상상하면서 기대에 부푼 어른들을 본 적이 있나요? 누구나 1등 복권 당첨이 쉽지 않다는 사실을 잘 알고 있어요. 실제로 어느 정도의 확률로 당첨되는지 고민해 본 사람들도 많지 않고요.

이를테면 2021년에 팔린 어떤 복권은 1등 당첨금이 70억 원이었다고 해요. 2000만 장이 한 세트로 만들어진 이 복권은 총 23세트가 팔렸는데 한 세트당 당첨 복권의 수는 오른쪽 페이지와 같았답니다.

1등 복권은 2000만 장 가운데 한 장뿐이니 당첨 확률은 '2000만 분의 1(=0.000005%)'이에요. 정말이지 너무나도 낮은 확률이지요.

그런데도 많은 사람은 "복권은 사지 않으면 당첨도 안 돼."라고 말하면서 터무니없이 낮은 확률은 아니라고 생각해요. '어쩌면 내가 당첨될지도 몰라.'라는 희망을 품기도 하면서 복권을 사지요.

여러분은 이렇게 낮은 당첨 확률을 보면 '복권을 사면 손해구나.'라는 생각이 드나요? 아니면 '그래도 1등에 당첨될지도 모르지.'라는 생각이 드나요? 우리 가족 가운데 누군가가 복권을 사려고 한다면 어떤 생각이 들 것 같나요?

1등 당첨 확률을 알고도 복권을 사고 싶은 마음이 생기나요?

● 2021년에 팔린 어떤 복권의 당첨 복권 수와 당첨 확률

등수	당첨금	당첨 복권 수	당첨 확률
1등	70억 원	1장	2000만 분의 1
아차상	15억 원	2장	1000만 분의 1
행운상	100만 원	199장	약 10만 503분의 1
2등	1억 원	4장	500만 분의 1
3등	1000만 원	40장	50만 분의 1
4등	50만 원	2,000장	1만 분의 1
5등	10만 원	6만 장	약 333분의 1
6등	3만 원	20만 장	100분의 1
7등	3,000원	200만 장	10분의 1

사고 싶은 마음이 들지 않을 만큼 당첨 확률이 낮구나. 복권을 사면 손해니까 나는 안 살 거야.

뭘 모르는구나. 복권을 사지 않으면 당첨도 되지 않는다고!

 생각해 보자

- 복권은 예상보다 당첨될 만하다는 생각이 드나요? 아니면 당첨되기 어렵다는 생각이 드나요?
- '2000만 분의 1'이 어느 정도의 확률일지 생각해 보세요.

2

지금이라면 사지 않을 옷을 왜 버리지 못할까?

★ 필요 없는데도 버리지 못할 때가 있을까?

10쪽에서는 비싼 옷과 싼 옷 가운데 어느 쪽이 더 버리기 어려운지 알아보았어요. 비싼 옷일수록 쉽게 버리지 못한다고 했지요. 그렇다면 이번에는 그 옷을 가지고 있지 않다고 해 볼게요. 그런데 오늘 옷 가게에 갔다가 그 옷을 봤다면 여러분은 어떻게 하겠나요? '지금은 입고 싶다는 마음이 안 생기는 옷이니까 살 리가 없지.'라는 생각이 들 거예요. '더 이상 입고 싶지 않은 옷'은 당연히 사고 싶지 않으니까요.

자, 여기에서 무언가 이상한 점을 눈치챘나요?

비싸지만 더 이상 입고 싶지 않은 그 옷. 지금 가지고 있지 않다면 새로 사지 않을 그 옷을 옷장에서 볼 때면 '버리기는 아까워, 언젠가 입을지도 몰라.'라고 이런저런 이유를 대면서 버리지 않는다는 사실을 말이에요. 이는 "저 옷은 필요 없지만 필요해!"처럼 말이 안 되는 행동이에요.

비싸지만 더 이상 입고 싶지 않은 옷을 가지고 있지 않을 때는 '필요 없다.'라고 생각하면서, 자신이 가지고 있을 때는 '필요할지도 모른다.'라는 생각. 같은 옷을 두고 하는 생각이, 그 옷이 자신에게 있느냐 없느냐에 따라서 바뀌는 이유는 무엇일까요? 곰곰이 생각해 보면 잘 이해할 수 없는 행동이에요.

물건을 버리려고 할 때 망설여지는 이유는?

옷 가게에서 '입고 싶지 않아, 내 스타일이 아니야.'라고 생각하는 옷을 보면서 사고 싶어 하는 사람은 없어요. 그런 사람도 옷장에서 '이제 입고 싶지 않아, 더 이상 내 스타일이 아니야.'라고 생각하는 옷을 보고 버리지 못할 때가 많아요.

지금이라면 절대로 사지 않을 옷을 막상 버리려고 하면 왜 망설여질까요?

생각해보자

- 필요 없다고 생각하면서도 버리지 못하는 이유는 무엇인가요?
- '언젠가 사용할지도 몰라.' 하고 버리지 않았던 물건을 실제로 사용한 적이 있나요?

3

재미없는 만화책을 끝까지 볼 필요가 있을까?

★ 무엇 때문에 행동이 바뀔까?

용돈을 모아서 큰마음을 먹고 산 만화책인데 재미가 없어서 실망했던 적이 있나요? 이때 많은 사람이 '내 돈으로 산 책이니까 다 안 읽으면 돈이 아까워.'라는 생각으로 어떻게든 끝까지 읽으려고 해요. 그러고는 '역시나 재미없었어. 끝까지 읽지 말걸…….' 하고 후회하곤 하지요.

교과서라면 재미가 없어도 읽어야 할 때가 있지만, 만화책은 재미있게 보려고 산 책이에요. 그런데도 재미없는 만화책을 꾹 참고 계속 읽는 것이지요.

친구가 "이 만화 재미있어."라며 만화책을 빌려줬는데 재미가 없다면 어떻게 하겠나요? '모처럼 빌렸는데 아까우니까 끝까지 읽어야지.'라고 생각할까요? 아마 자신이 산 책보다는 그만 읽겠다고 결정하기가 더 쉬울 거예요.

재미있게 보려고 산 책이 재미없을 때 어떻게든 읽으려고 애쓰는 행동은 잘 생각해 보면 꽤 이상한 행동이에요.

여러분은 재미없는 책이라도 끝까지 읽는 편인가요? 도중에 그만두는 편인가요?

재미없는 만화책을 도중에 그만 읽을 용기가 있나요?

지금 읽고 있는 책이 재미없다면 다른 재미있는 책을 찾아서 읽는 것이 시간을 즐겁게 보내는 방법이에요. 여러분의 용돈으로 산 책을 도중에 그만 읽겠다고 결정하기까지 용기를 내야 할 수도 있어요.

왜 재미없는 만화책을 끝까지 읽으려고 할까요?

생각해 보자

- 유튜브에서는 재미없는 동영상을 끝까지 보나요?
- 자신이 돈을 주고 산 것과 사지 않은 것은 도중에 그만둘지 결정하는 기준이 다르지 않나요?

사진 출처 : Stephen Parkes/Shutterstock.com

4

무료라면 몇 시간이나 줄을 서서 기다릴 가치가 있을까?

★ '무료'와 '기다리는 시간'을 생각해 보자!

어떤 식당에서 비빔밥 무료 식사권을 나눠 준다고 하면 그 식당 앞에는 그때까지 본 적 없는 긴 행렬이 생겨요. '무료'이기 때문이지요. 줄을 선 사람들 가운데 '무료인데 안 받으면 손해야.'라고 생각하는 사람이 있는가 하면, '김밥을 먹으려고 했는데 무료 식사권을 준다니까 비빔밥을 먹어야지.'라고 생각하는 사람도 있을 거예요. 평소라면 돈을 내고 바로 먹을 수 있는 음식이에요. 그런데 '무료'로 먹을 수 있지만 한 시간이나 기다려야 한다면 정말 이익일까요? 아마 "무료니까 당연히 이익이죠!"라는 의견이 많겠지요?

또 '4,000원짜리 비빔밥을 먹고 싶었지만 한 시간이나 기다리기에는 시간이 아까우니 다른 식당에 가야지.'라고 생각하며 줄을 서지 않는 사람도 있을 거예요. 시간은 금처럼 귀하니 허비해서는 안 된다고 생각해서이겠지요.

비빔밥을 무료로 먹으려고 줄을 선 사람에게는 시간제한이 있을 거예요. 30분이라면 기꺼이 기다리지만 다섯 시간씩이나 기다릴 사람은 거의 없겠지요. 그럼 몇 분 정도면 기다릴 가치가 있을까요? 30만 원짜리 한우 세트를 무료로 받을 수 있다면 기다릴 수 있는 시간도 달라질 거예요.

여러분은 4,000원짜리 비빔밥을 무료로 먹기 위해 얼마나 기다릴 수 있나요?

사람들은 왜 줄을 설까요?

일본의 유명한 체인 음식점인 '요시노야'의 1호점은 2018년에 문을 닫은 어떤 시장에 있었어요. 다른 곳에 있는 요시노야에 가면 기다리지 않고 바로 식사할 수 있었어요. 그런데도 시장과 함께 요시노야 1호점의 폐점 소식이 전해지자 1호점 앞에는 긴 줄이 생겼답니다.

사람들은 왜 자신의 시간을 들여서 줄을 설까요?

생각해보자

- 무료 쿠폰을 받기 위해 줄을 서 본 적이 있나요?
- 무료라면 오랫동안 줄을 서서 기다려도 이익을 봤다고 할 수 있을까요?

사진 출처 : Stephen Parkes/Shutterstock.com

5

돈을 준다는데도 거절하는 이유는 무엇일까?

★ 인간은 돈을 받을 수 있는데도 받지 않을 때가 있다?

여러분의 친한 친구 한 명을 떠올려 보세요. 그리고 누군가 여러분을 찾아와서 다음과 같이 이야기한다고 상상해 보세요.

"여기 10,000원이 있습니다. 이 돈을 친구와 얼마씩 나누어 가질지, 혼자서 정해 보세요. 친구에게 여러분이 결정한 비율대로 나누어 주겠다고 제안했을 때 친구가 찬성하면 그대로 나누어 드리겠습니다. 하지만 친구가 여러분의 제안을 거절하면 10,000원은 도로 가져가겠습니다."

'다 내가 받고 싶지만 그건 친구가 반대하겠지?'

'5,000원씩 나누겠다고 하면 친구는 찬성하겠지.'

'아니야, 다시 생각해 보자. 친구에게 10원을 나누어 주겠다고 해도 아예 못 받는 것보다 10원이라도 받는 게 나으니까 찬성할지도 몰라! 하지만 그렇게 이야기했다가는 분명 미움을 받을 거야.'

잘 생각해 보면 여러분이 9,990원을 받고 친구에게 10원을 주겠다는 제안은 친구 입장에서도 거절하기보다 거절하지 않아야 10원이라도 받을 수 있으니 이익이에요. 하지만 여러분과 친구의 입장이 바뀌었다고 생각해 보세요. 친구만 많은 돈을 받는 조건이라면, 나 역시 아무것도 하지 않고 10원을 받을 수 있는 기회인데도 그 제안을 거절하고 싶지 않을까요?

여러분이라면 돈을 어떻게 나누겠나요?

왼쪽 페이지와 같은 상황에서 얼마를 나누어 주겠다는 제안을 받는 쪽은 대부분 절반씩 나누기를 가장 바란다고 해요. 또 상대에게 너무 적게 나누어 주겠다고 하면 거절할 확률이 높아진다고 해요.

여러분이 제안을 받는 쪽이라면 얼마를 나누어 줄 때 거절하겠나요?

생 각 해 보 자

- 여러분이라면 친구에게 얼마를 나누어 주겠나요?
- 여러분이 제안을 받는 쪽이라면 10원을 나누어 주겠다는 친구의 제안을 거절하겠나요? 그것이 손해라는 생각은 들지 않나요?

6

자신이 모두 받을 수 있는 상황에서는 정말 모두 받을까?

★ 인간은 자신만 이익을 얻기 불편해한다?

여러분이 모르는 사람 A와 어떤 장소에 함께 있다고 해 볼게요. 그곳에 누군가가 와서 여러분에게 100원짜리 동전 열 개를 주며 다음과 같이 이야기한다고 상상해 보세요.

"이 돈을 모두 드리겠습니다. A와 어떻게 나눌지는 알아서 정하세요."

즉 여러분이 1,000원을 모두 받아도 되고, 500원씩 나누어도 되며, B에게 모두 주어도 된다는 말이에요. 여러분이라면 어떻게 하겠나요?

'당연히 모두 제가 가질 거예요.'라고 생각하는 친구도 있겠지요. 하지만 여러분의 눈앞에 A가 있는 모습을 다시 한번 떠올려 보세요. 그 사람을 앞에 두고 "모두 제가 가질게요."라고 말할 수 있을까요? 이런 상황을 마주하면 사람들은 대부분 자신이 모두 받는 대신 50~70%만 받고 나머지는 상대방에게 주겠다고 해요. 모두 받아야 이익이지만 그렇게 하지 않지요.

인간은 '이익을 보고 싶다.'라고 생각하지 '손해를 보고 싶다.'라고 생각하지 않아요. 그럼 모두 받는 게 좋겠지요. 그런데도 남과 나누어 가지려는 사람이 많다는 사실이 이상하지 않나요?

나 혼자 이익을 얻는 상황이 불편하지 않나요?

눈앞에 다른 사람이 있을 때는 '나만 이익을 얻고 싶어!'라는 생각이 들더라도 실제로 그렇게 하기란 어려운 법이에요. 이를테면 친구와 함께 있을 때 눈앞에 내가 좋아하는 과자가 놓여 있다면 친구에게도 과자를 조금 나눠 주듯 말이에요.

이익을 얻고 싶다고 생각하면서도 혼자 다 갖기는 왜 꺼려질까요?

- 여러분은 자신만 이익 보는 것을 어떻게 생각하나요?
- 자신만 이익을 보려는 사람들만 있다면 이 세상은 어떻게 될까요?

제 2 장 인간은 이해하지 못할 행동을 한다?

COLUMN

메타버스를 통해 시공간을 초월하는 시대가 온다!

20쪽에서 디지털화가 진행되면서 다양한 분야의 '가치'가 지금까지와 다르게 바뀔 수 있다고 이야기했어요. 그러한 흐름에서 메타버스(Metaverse)는 주목받고 있답니다. 메타버스는 쉽게 말해서 '현실처럼 만들어진 3차원의 가상 공간'이에요.

메타버스에서는 자신의 분신인 아바타로 가상 공간을 자유롭게 돌아다닐 수도 있어요. 좋아하는 옷을 사서 입을 수도 있고 가상 공간의 땅을 사서 건물을 지을 수도 있답니다. 또한 다양한 사람이 아바타의 모습으로 의사소통할 수 있어요. 사람이 직접 화면에 보이는 아바타를 움직이니, 사람들 사이에서 이루어지는 의사소통은 현실에서와 마찬가지예요.

머지않아 특수 고글을 쓰면 메타버스에서 실제와 똑같은 모습으로 만들어진 '가상 서울시'를 돌아다니면서 쇼핑하는 날이 올지도 몰라요. 현실 세계와 메타버스의 경계가 점점 사라진다면 자신의 몸이 아니라 아바타를 통해서 언제든지 진짜 서울에 갈 수도 있고요. 이렇듯 시간과 공간을 뛰어넘어 자신의 몸을 이동시킬 수 있는 시대가 서서히 다가오고 있답니다.

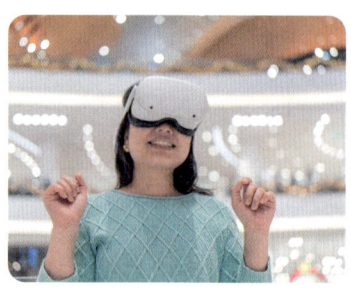

제 3 장

행동경제학과 경제학은 어떻게 다를까?

1

인간은 비합리적인 동물일지도 모른다?

★ 때로는 이해할 수 없는 행동을 하는 인간

너무 많이 먹거나 단것을 먹으면 살이 찐다는 사실을 알고 있지만 눈앞에 케이크가 있으면 참지 못하고 먹을 때가 있어요. 시험을 앞두고 공부하지 않으면 결과가 좋지 못함을 아는데도 유튜브만 볼 때도 있고요. 이러다가는 몸무게가 늘고 성적이 떨어지는 등 바라지 않는 결과를 얻게 된다고 걱정하면서도 자신의 마음과는 반대로 행동하지요. 이는 인간이 눈앞의 즐거움과 편리함에 쉽게 넘어가기 때문이에요.

한편 좋아하는 사람에게 친절하게 굴면 될 텐데 괜히 심술을 부리기도 해요. 또 정말 사과하고 싶은 마음이 있는데도 사과하지 못하는 것처럼, 스스로 이해할 수 없고 진심과도 다른 행동을 할 때도 있지요.

강아지들이나 고양이들도 때때로 의미를 알 수 없는 행동을 할 때가 있어요. 그 모습을 보면 '왜 저러는 거지?' 하고 웃음이 나요. 생각해 보면 여러분도 다른 사람이 '왜 저러지?'라고 생각할 만큼 이상한 행동을 하고 있는지도 몰라요. 인간은 지능이 가장 발달한 동물이지만, 자주 실수하기에 그렇게까지 대단한 존재는 아닌 것이지요.

제1장과 제2장에서는 인간이 실수하기 쉽다고 이야기해 왔어요. 이번 장에서는 그러한 특성을 분명하게 밝혀낸 '행동경제학'을 알아보려고 해요.

왜 생각한 대로 행동하지 못할까요?

제 3 장 행동경제학과 경제학은 어떻게 다를까?

종잡을 수 없이 행동하기도 하는 인간은
대단한 존재가 아닐 수도 있어요!

❓ 생각해보자

- 여러분은 자주 귀찮아하는 편인가요?
- 귀찮다는 이유로 자신의 바람과 반대로 행동한 적이 있나요?

2

'행동경제학'과 '경제학'은 어떻게 다를까?

★ 실용적인 학문으로 주목받는 '행동경제학'

갑자기 "경제학이란 무엇인가요?"라는 질문을 받으면 대답하기 어려워요. 여기에서는 경제학이 무엇인지 자세히 설명하지 않을 거예요. 그 대신 '현명하고 완벽하게 자기 관리를 할 수 있는 인간'을 바탕으로 하는 학문이라는 점만 밝혀 두려고 해요. 그럼 '현명하고 완벽하게 자기 관리를 할 수 있는 인간'이란 어떤 사람일까요? 쉽게 말해 여름 방학 숙제를 계획에 따라서 모두 끝내고, 용돈은 쓸데없는 곳에 쓰지 않으며, 살을 빼겠다고 마음먹으면 반드시 성공하는 사람을 말해요. 아마도 여러분 가운데 대다수는 해당하지 않을지도 몰라요. 가끔은 쓸데없는 곳에 돈을 쓰고 숙제를 계획대로 하지 못할 때도 있을 테니까요.

경제학에서는 인간이 어리석지 않다고 생각하기 때문에 현실을 제대로 설명하지 못할 때가 있었어요. 이는 사람들 대부분이 현명하고 완벽하게 행동하지 않기 때문이에요. 그래서 새롭게 태어난 학문이 '행동경제학'이랍니다. 행동경제학은 인간의 심리와 행동을 관찰해 왜 인간이 어리석은 행동을 하는지 밝혀내는 학문이에요. 감정이 있는 사람들은 때때로 이상하게 행동한답니다. 그러한 인간을 대상으로 '행동경제학'은 현실의 인간 사회에 어울리는 학문으로 눈길을 끌고 있어요.

행동경제학은 인간적인 학문

경제학	행동경제학

전제로 하는 인간

인간은 언제나 <u>합리적으로 행동한다.</u> / 인간은 언제나 <u>합리적으로 행동하지 않는다.</u>

시작된 시기

16세기 후반부터 / 20세기 후반부터

유명한 학자

 애덤 스미스 (1723~1790)

 존 메이너드 케인스 (1883~1946)

 폴 새뮤얼슨 (1915~2009)

 대니얼 카너먼 (1934~) (43쪽)

 리처드 탈러 (1945~) (43쪽)

 로버트 실러 (1946~)

행동경제학은 새로운 학문이에요. 앞으로 더욱 중요해질 테니 지금부터 알아 두면 도움이 될 거예요!

생각해 보자

- 자신이 현명하고 완벽하게 행동할 수 있는 사람이라고 생각하나요?
- 주변에 현명하고 완벽하게 행동하는 사람이 있는지 찾아보세요.

3

인간의 마음은 복잡해서 이익과 손해만으로 판단하지 않는다?

★ 다른 사람을 위한 배려는 자신을 위한 것?

32쪽에서는 자신이 받은 돈을 상대방에게 어떻게 나누어 줄지 생각해 봤어요. 경제학에서는 자신에게 가장 이익인 '1,000원을 모두 자신이 갖는 것'이 합리적인 판단이에요. 그런데 앞서 이야기했듯이 많은 사람이 오늘 처음 만난 사람에게 이익을 나누어 주는 쪽을 택하곤 해요. 인간에게는 "이익을 보고 싶다."라는 마음뿐만 아니라, 경제학에서 헤아리지 않는 '이타심'이 있기 때문이에요. 이타심(利他心)은 다른 사람을 배려하는 마음, 다른 사람에게 친절하게 대하고 싶은 마음을 말하지요. 그러니 경제학에서는 세상이나 인간을 완전히 설명하지 못해요.

좀 더 깊이 생각해 보면, 이타심이 정말 다른 사람을 위한 마음인지 궁금해지기도 해요. 상대방에게 돈을 나누어 준 행동이 아니라 좋은 사람으로 보이고 싶다는 바람을 담은 행동이었을지도 모르니까요. 겉으로 보기에 상대방을 위한 행동 같지만 사실은 자신을 위해 돈을 나누어 주었다고도 볼 수 있어요. 그렇다면 정말 이타심인지 의심스러워지지요.

인간의 마음은 아주 복잡해요. 행동경제학은 인간의 마음이 손해와 이익을 가려내는 데에 어떤 영향을 미치는지 연구하는 학문이랍니다.

경제학과 행동경제학이 바라보는 인간

경제학이 보는 인간

자신의 이익만 생각하는 인간

행동경제학이 보는 인간

자신의 이익을 희생하면서까지 다른 사람을 위해 행동할 때도 있는 인간

선생님! 한마디로 경제학은 인간을 '도덕심이 없고 자기중심적인 녀석'이라고 본다는 뜻인가요?

실제로 '나만 이익을 보면 된다.'라고 생각하는 사람만 있지 않지만, 경제학에서는 우리가 '인간적인 면'이 있다고 보지 않아요.

제 3 장 행동경제학과 경제학은 어떻게 다를까?

 생각해보자

- 다른 사람을 위해 행동하면서 마음속으로 '착한 사람으로 보이겠지?'라고 생각한 적은 없나요? 그렇다면 그 행동은 정말 다른 사람을 위한 행동이라고 할 수 있을까요?

4

행동경제학으로 노벨상을 받은 사람들

★ 가장 중요한 행동경제학자 두 사람은?

인간이 완벽하지 않다고 보는 행동경제학은 최근에 만들어진 학문이에요. 그렇다면 행동경제학을 처음 만든 사람은 누구일까요? 바로 미국의 행동경제학자 대니얼 카너먼이에요. 대니얼 카너먼은 이스라엘 출신의 아모스 트버스키와 함께 '행동경제학'이라는 새로운 학문 분야를 열고 행동경제학의 기초인 '전망 이론(44쪽)'을 만들었어요. 2002년에는 그 업적을 인정받아서 노벨경제학상을 받았지요.

2017년에는 '넛지 이론(88쪽)'으로 알려진 행동경제학자인 리처드 탈러가 노벨경제학상을 받기도 했어요. 이렇게 노벨경제학상을 받는 사람들이 생기자 행동경제학은 점점 더 많은 관심을 받았답니다.

> **알아 두어야 하는 인물**
>
> ### 아모스 트버스키(Amos Tversky)
> 이스라엘 출신의 심리학자로 대니얼 카너먼과 함께 행동경제학을 연구한 사람이에요. 하지만 1996년에 59세의 나이로 세상을 떠났답니다. 2002년에 대니얼 카너먼이 노벨경제학상을 받았을 때 살아 있었다면 동시 수상을 했을 거라고 평가받고 있어요.

행동경제학으로 노벨경제학상을 받은 사람

2002년 노벨경제학상 수상
대니얼 카너먼(Daniel Kahneman)

수상 이유 : '행동경제학'과 '실험경제학'이라는 새 연구 분야를 여는 데에 이바지하다.
연구 주제 : 전망 이론(44쪽)

2017년 노벨경제학상 수상
리처드 탈러(Richard Thaler)

수상 이유 : 행동경제학의 발전에 이바지하다.
연구 주제 : 넛지 이론(88쪽)

와, 행동경제학이 새로운 학문인 줄 알았더니 벌써 노벨상을 받은 사람도 있네요.

2002년에 대니얼 카너먼이 노벨상을 받은 이후로 행동경제학이 점점 관심을 받았어요.

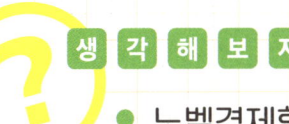

- 노벨경제학상을 받은 사람은 또 누가 있는지 조사해 보세요.

사진 출처 : IMG_4326 by nrkbeta is licensed under CC BY 2.0, Richard H.Thaler D81_4468 by Bengt Nyman is licensed under CC BY 2.0

5

행동경제학의 기초 '전망 이론'

★ 노벨상을 받은 학문이라고 해서 어려운 내용은 아니니까 걱정 마!

행동경제학의 대표 이론은 대니얼 카너먼(43쪽)의 '전망 이론'이에요. 어려운 내용은 아닐까 걱정되겠지만, 쉽게 설명할 테니 편안하게 읽어 보세요.

여러분은 무언가를 할 때 확실성을 중요하게 생각하나요? 아니면 결과를 운에 맡기고 모험을 하나요? 자신이 어느 쪽인지 생각해 본 다음 오른쪽 페이지의 두 가지 질문에 답해 보세요.

사람들은 대부분 [질문 ①]에서는 A를, [질문 ②]에서는 B를 택한답니다. [질문 ①]에서는 확실성을 좇고, [질문 ②]에서는 빚을 모두 없앨 수 있으니 결과를 운에 맡긴 채 동전을 던져서 승부하려고 하지요. 두 질문 모두 A와 B의 기댓값(46쪽에서 설명)은 같아요.

자신이 '확실성을 좇는다.'라고 생각한 사람이 [질문 ②]에서 B를 골랐다면 확실성이 없는 선택을 한 것이에요. 이와 달리 자신은 '결과를 운에 맡기고 모험한다.'라고 생각한 사람이 [질문 ①]에서 A를 골랐다면 운에 맡기는 선택을 하지 않은 것이고요.

이렇게 자신의 성향과 다르게 선택하는 이유는 무엇일까요? 이익을 얻을 수 있다면 확실성을(확실성 효과, 50쪽), 손해를 본다면 손해를 피하는 것을 우선하는(손실 회피성, 54쪽) 성향이 인간에게 있기 때문이에요. 이러한 성질을 정리한 이론이 '전망 이론'이랍니다.

전망 이론이란?

전망 이론(Prospect Theory)

행동경제학의 대표 이론. 인간은 "이익을 얻을 수 있다면 확실성을 우선하고, 손해를 본다면 손해를 피하는 것을 우선한다."라는 사실을 정리한 이론.

[질문 ①] 다음에서 하나를 선택해 보세요.

A : 무조건 10만 원을 받는다.

B : 동전을 던져서 앞면이 나오면 20만 원을 받고 뒷면이 나오면 아무것도 받지 못한다.

[질문 ②] 여러분은 부모님께 20만 원을 빌렸습니다. 다음에서 하나를 선택해 보세요.

A : 무조건 10만 원을 갚지 않아도 된다. 빚은 총 10만 원 남는다.

B : 동전을 던져서 앞면이 나오면 빚이 모두 없어지지만 뒷면이 나오면 빚은 20만 원 그대로이다.

 생각해 보자

- 이익을 얻을 수 있을 것 같을 때 확실하게 받는 쪽을 택하고 싶나요?
- [질문 ①]에서는 확실하게 10만 원을 받고 싶다고 생각했나요?
- [질문 ②]에서는 동전 던지기로 정하고 싶다고 생각했나요?
  그 이유는 무엇인가요?

6

알아 두면 쓸모 있는 '기댓값' ①

★ '기댓값'은 확률을 따진 평균값

44쪽에서 '기댓값'이라는 표현이 나왔어요. 인터넷에서 '기댓값'을 찾아보면 다음과 같은 공식이 나온답니다.

$$E[X] = x_1p_1 + x_2p_2 + \cdots\cdots + x_np_n$$

이렇게 수수께끼 같은 공식이 나오니 당황스럽지요? 하지만 기댓값이 무엇인지 알아 두면 여러분이 '손해'를 피하는 데에 도움이 되니 함께 살펴봐요.

기댓값이란 '확률을 따진 평균값'을 말해요. 이를테면 상자 안에 제비가 네 장 들어 있어요. 이 가운데 한 장은 '당첨'이라서 10만 원을 받을 수 있지만, 나머지 세 장은 '꽝'이라서 4,000원만 받는다고 해 볼게요. 이 제비뽑기의 기댓값은 28,000원이에요. 이 상자에서 제비를 한 번 뽑으면 평균 28,000원을 받을 수 있다는 뜻이지요.

자세한 계산 방법은 오른쪽 페이지에서 설명했어요. 제비 네 장을 모두 뽑으면 당첨금이 10만 원, 4,000원, 4,000원, 4,000원인 제비가 나와서 총 112,000원을 받을 수 있어요. 그 당첨금의 평균은 '112,000원÷네 번(4번)'으로 계산할 수 있으니 '28,000원'이지요. 처음에 소개했던 수수께끼 같은 공식은 오른쪽 페이지의 기댓값 계산 방법을 나타낸 공식이에요.

기댓값을 계산하는 방법을 살펴보아요!

기댓값을 구하는 계산식

기댓값: $E[X] = x_1p_1 + x_2p_2 + \cdots\cdots + x_np_n$

↳ 확률을 따져 본 평균값

 x_1은 뭐고 p_1은 뭔가요? 이런 공식을 보면 의욕이 사라진다고요!

 그럴 거예요. 여러분은 외우지 않아도 되니 걱정 말아요!

10만 원 / 4,000원 / 4,000원 / 4,000원

 상자 안에 제비가 네 장 들어 있을 때 기댓값은?

	당첨금	제비 수	당첨 확률
당첨	10만 원	한 장	$\frac{1}{4}$
꽝	4,000원	세 장	$\frac{3}{4}$

위에 있는 수수께끼 같은 공식에 대입하면 다음과 같이 나타낼 수 있어요.

10만 원 $\times \frac{1}{4}$ + 4,000원 $\times \frac{1}{4}$ + 4,000원 $\times \frac{1}{4}$ + 4,000원 $\times \frac{1}{4}$ = **28,000원**

 이것이 기댓값

제비를 한 번 뽑으면 이론에서 평균 28,000원을 받을 수 있다는 뜻이구나……. 그게 바로 '기댓값'이라는 말이고.

어려워 보이지만 이 경우에 모든 제비를 뽑았을 때 받을 수 있는 금액의 합을 제비의 개수로 나누면 된답니다.

생각해보자

- 이 제비뽑기를 한 번 할 때마다 요금을 20,000원씩 내야 한다면 제비뽑기를 할 건가요? 하지 않을 건가요?

7

알아 두면 쓸모 있는 '기댓값' ②

★ 반대편 입장이 되어서 생각해 보자!

47쪽의 [생각해 보자]에서 이 제비뽑기를 한 번 할 때마다 20,000원을 내야 한다면 제비뽑기를 할지 물어보았어요. 여러분은 어떻게 답했나요? 기댓값을 생각하면 제비뽑기를 하는 것이 정답이라고 할 수 있어요. 46쪽의 제비뽑기의 기댓값은 28,000원이었으니, 28,000원 미만의 돈을 내고 제비뽑기를 할 수 있다면 하는 쪽이 '이득'이라고 볼 수 있기 때문이에요.

하지만 '20,000원을 내도 네 번 가운데 세 번은 4,000원인데······.'라고 생각하는 사람도 있어요. 이런 생각은 '이익을 얻을 수 있는 때는 확실성을, 손해를 볼 것 같을 때는 손해를 피하려는 경향'(54쪽) 때문일지도 몰라요.

요금을 내고 제비뽑기를 하는 쪽이 아니라 제비뽑기를 만들어서 요금을 받는 쪽에서 생각해 보면 이해하기가 더욱 쉬울 거예요.

제비를 한 번 뽑을 때 요금이 20,000원이라면, 네 번 뽑았을 때 요금으로 받을 수 있는 돈은 총 80,000원(=20,000원×네 번)이에요. 하지만 제비뽑기를 한 사람에게 주어야 하는 당첨금이 총 112,000원이므로 요금이 20,000원이라면 32,000원이나 손해를 봐요. '제비뽑기를 만든 쪽의 손해가 곧 제비뽑기를 하는 쪽의 이익'이라고 생각해 보세요. 이때는 제비뽑기를 하는 편이 좋다는 사실을 알 수 있지요.

제비뽑기를 만든 쪽에서 생각해 보아요.

제비뽑기를 만든 쪽

▶ **제비뽑기를 네 번 했을 때 받는 돈**
한 번 뽑을 때마다 20,000원 × 네 번(4번) = **80,000원**

제비뽑기를 하는 쪽이 제비뽑기를 만든 쪽에게 내야 하는 돈

제비뽑기를 하는 쪽

▶ **제비뽑기를 네 번 했을 때 받을 수 있는 돈**
10만 원 + 4,000원 + 4,000원 + 4,000원 = **112,000원**

제비뽑기를 만든 쪽이 제비뽑기를 하는 쪽에게 줘야 하는 돈

제비뽑기 요금으로 돈을 벌어 보려고 했더니 손해만 보잖아! 더 벌 수 있을 줄 알았는데!

기댓값을 계산해 보지 않았구나. 기댓값이 28,000원인데 한 번 뽑을 때마다 20,000원을 받으면 당연히 손해를 보지.

제비뽑기를 만든 사람이 돈을 벌려면 요금으로 얼마를 받아야 할까요? 기댓값이 28,000원이니 28,001원 이상 받으면 손해를 보지 않는답니다.

- 우리나라에서 팔고 있는 '연금복권720+'을 알아보고 기댓값을 예측해 보세요.

8

분명함을 좋아하는 '확실성 효과'

★ 인간은 확실하게 얻을 수 있는 쪽을 좋아한다!

어느 날, 부모님이 "이번 달부터 용돈을 받는 방식을 스스로 골라 보렴."이라고 하시면서 오른쪽 페이지와 같은 선택지를 두 가지 보여 주셨다고 해 볼게요. 여러분은 어느 쪽을 고르겠나요? 혹시 'B는 용돈을 받지 못할 수 있으니까 싫어. 그러니까 확실하게 받을 수 있는 A를 선택해야지!'라고 생각하지 않았나요? 두 선택지의 기댓값을 계산해 보면 A는 5,000원이고 B는 5,600원이에요. 계산식은 다음과 같아요.

A : 5,000원×1(=100%)=5,000원   B : 7,000원×0.8(=80%)=5,600원

이 방식을 1년 동안 계속한다면 A는 1년에 60,000원(5,000원×12개월)을 받을 수 있어요. B는 한 번도 '꽝'을 뽑지 않으면 84,000원(7,000원×12개월)을 받을 수 있어요. '꽝'을 뽑았을 때의 기댓값은 67,200원(5,600×12개월)이에요. 즉 B는 용돈을 받지 못하는 달이 있어도 1년으로 보면 A보다 7,200원이나 많이 받는 것을 기대할 수 있다는 뜻이지요.

많은 사람이 확실함을 택하면 손해를 보지 않았다고 느껴요. 그와 같이 '확실하지 않은 이득보다 확실한 이득을 좋아하는 경향'을 '확실성 효과'라고 하지요. 하지만 위의 예처럼 실제로는 기댓값이 낮은 쪽을 택해서 손해를 보기도 해요.

용돈은 달마다 확실하게 받고 싶지 않나요?

《어머니》

이번 달부터 용돈을 받는 방식을 고를 수 있게 해 줄게! 둘 가운데 어느 쪽이 좋은지 생각해 보렴!

A : 확실하게 달마다 5,000원씩 받기

B : 당첨 확률이 80%인 제비뽑기를 해서 '당첨'이 나오면 7,000원 받기

확률로 보면 다섯 달에 한 번은 용돈을 못 받는다는 거잖아. 그건 피하고 싶으니까 확실하게 받을 수 있는 쪽을 선택할래!

나도 무조건 A를 고를 거야! 꽝이 나온 달은 너무 힘들 것 같고 달마다 제비뽑기 때문에 긴장하기도 싫어.

여러분 가운데에서도 손해를 보고 싶지 않아서 A를 고르는 사람이 많을 거예요. 하지만 기댓값을 보면 B가 더 이득이지요. 사람들의 직감이 보기 좋게 빗나간 셈이에요.

생각해보자

- 용돈을 받지 못할 수 있는 선택지는 꺼려지나요?
- 기댓값이 높은 선택지가 이득이라는 생각이 드나요?

9

확실성을 따지는 사람이라도 그렇지 않을 때가 있다?

★ 인간은 손해를 볼 것 같으면 결과를 운에 맡긴다?

50쪽에서와 같이 부모님께서 "이번 달부터는 용돈을 받는 방식을 스스로 골라 보렴." 하시면서 오른쪽 페이지와 같은 선택지를 두 가지 보여 주셨다고 해 볼게요. 이번에는 어느 쪽을 고르겠나요? 혹시 '둘 다 용돈을 못 받을 수 있으니 이왕이면 당첨됐을 때 엄청 큰돈을 받을 수 있는 B를 선택해야지!'라고 생각하지 않았나요? 각 선택지의 기댓값을 계산해 보면, A는 2,400원이고 B는 1,500원이에요. 계산식은 다음과 같답니다.

A : 8,000원×0.3(=30%)=2,400원   B : 30,000원×0.05(=5%)=1,500원

이 방식을 1년 동안 계속한다면 A는 1년에 28,800원(=2,400원×12개월)을, B는 18,000원(1,500원×12개월)을 받을 수 있어요. B보다 A를 택했을 때 받을 수 있는 금액이 더 크지요. 여기에서 무언가 이상한 점을 발견했다면 감이 아주 좋은 사람이에요. 50쪽에서 확실성이 높은 쪽을 선택한 사람이라도 이번처럼 확실하지 않은 선택지만 주어진다면 다른 선택을 한답니다. 확률이 낮아도 당첨만 되면 큰돈을 받을 수 있는 쪽을 선택하거든요. 다행히 기댓값을 계산해 본다면 A를 택할 수도 있지만, 직감적으로 B가 이득이라고 느껴져서 확실성과 기댓값이 모두 낮은 '손해 보는 선택지'를 고르기 쉽지요.

용돈을 달마다 받기 어렵다면 확실성은 중요하지 않다고 생각하나요?

《어머니》

이번 달부터 용돈을 받는 방식을 고를 수 있게 해 줄게! 둘 가운데 어느 쪽이 좋은지 생각해 보렴!

A : 당첨 확률이 30%인 제비뽑기를 해서 '당첨'이 나오면 8,000원을 받는다.

B : 당첨 확률이 5%인 제비뽑기를 해서 '당첨'이 나오면 30,000원을 받는다.

둘 다 용돈을 못 받을 수 있으니 운 좋게 당첨되었을 때 큰돈을 받을 수 있는 쪽을 택할래!

처음에는 B를 선택하려고 했는데 기댓값을 계산해 보니 A가 이득이네. 어떡하지……?

확실하지 않은 선택지만 주어지면 결과를 운에 맡기는 사람이 많아져요. 이렇듯 사람들은 상황에 따라서 확실성을 좇기도 하고 운에 맡기기도 하면서 변덕을 부리지요.

제3장 행동경제학과 경제학은 어떻게 다를까?

● 용돈을 받지 못할 가능성이 높다면 결과를 운에 맡기고 싶어지지 않나요?
● 기댓값이 높은 선택지가 이익이라는 생각이 드나요?

10

손해를 봤을 때의 슬픔이 더 큰 '손실 회피성'

★ 기쁜 마음은 금방 잊어버리기 쉽다!

인간은 이익을 보면 기쁘고 손해를 보면 슬퍼져요. 그렇다면 10만 원을 받았을 때의 기쁨과 10만 원이 든 지갑을 잃어버렸을 때의 슬픔 가운데 어느 쪽이 마음에 주는 영향이 더 클까요?

　세뱃돈으로 10만 원을 받으면 아주 기뻐요. 하지만 일주일만 지나도 그때의 기쁨은 거의 사라지겠지요. 그럼 세뱃돈 10만 원을 넣어 둔 지갑을 잃어버렸다면 어떨까요? 일주일이 지나도 '10만 원이나 잃어버렸다'는 슬픔은 없어지지 않고 계속 아쉬움이 남아요. 같은 10만 원이라도 얻었을 때의 기쁨보다 잃었을 때의 슬픔이 커요. 이처럼 이익에서 얻을 수 있는 기쁨보다 손해에서 비롯한 슬픔을 더 크게 느끼는 것을 '손실 회피성'이라고 해요. 인간이라면 누구나 느끼는 것이지요. 손해 때문에 얻은 충격은 이익에서 얻는 충격보다 약 두 배나 강해요. 이를 오른쪽 페이지의 그래프처럼 나타낼 수 있어요.

　용돈이 1,000원 오르면 매우 기쁘기는 해도 그 마음은 오래 가지 않아요. 한편 용돈이 1,000원 줄어들 것 같을 때는 어떻게 해서든 손해를 피하려고 하겠지요. 그런 면을 보면 여러분에게도 '손실 회피성'이 있다는 뜻이에요.

이익에서 오는 기쁨보다 손해에서 오는 슬픔이 더 커요!

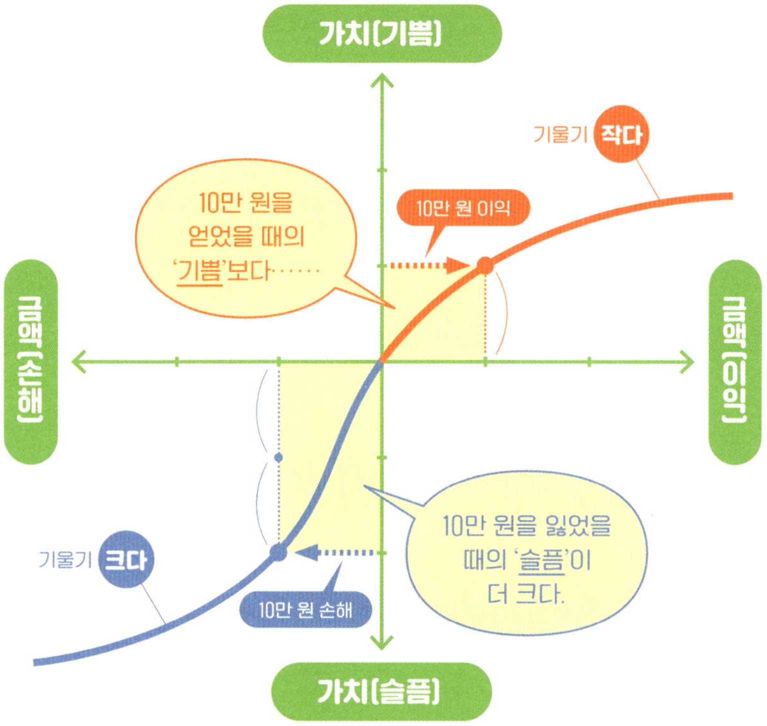

가치(기쁨)

기울기 **작다**

10만 원 이익

10만 원을 얻었을 때의 '기쁨'보다……

금액(손해) ← → **금액(이익)**

기울기 **크다**

10만 원을 잃었을 때의 '슬픔'이 더 크다.

가치(슬픔)

같은 금액을 얻었을 때의 기쁨보다
잃었을 때의 슬픔이 두 배나 더 크다고 해요!

? 생각해 보자

- 용돈이 올랐을 때 느끼는 기쁨과 부모님을 향해 감사하는 마음은 얼마나 가나요?
- 용돈이 줄었을 때 서운한 마음이 오래 가지 않나요?

11

우리는 어떻게 생각하는지 알아보자!

★ 나도 모르게 생각하는 '휴리스틱'

우리는 여러 가지를 생각하면서 살아가요. 이를테면 학교에 갈 때 어느 길로 학교에 갈지 일일이 따져 보지 않아도 길을 헤매지 않고 학교에 도착할 수 있어요. 한편 친구와 함께 낯선 장소에 갈 때는 인터넷으로 이것저것 조사해서 어떻게 가면 좋을지 고민하지요. 이때는 조금 귀찮기도 하고 여러 가지를 신경 쓰느라 머리가 아프기도 해요.

인간은 생각하고 행동하는 존재예요. 학교에 갈 때처럼 자신도 모르게 생각할 때가 있는가 하면, 낯선 장소에 갈 때처럼 깊이 생각할 때도 있어요. 우리는 이 두 가지 방식을 나누어서 사용하고 있답니다.

자신도 모르게 생각하는 것을 '휴리스틱(Heuristics)', 깊이 생각하는 것을 '시스티메틱(Systematic)'이라고 불러요. 그리고 이 두 가지 방식을 나누어 사용하는 것을 심리학에서는 '이중 과정 이론'이라고 하지요.

그러고 보면 학교에 갈 때나 집에서 화장실에 갈 때 어떤 길로 가야겠다고 생각하지 않았는데도 목적지에 도착할 수 있다니 대단하지 않나요? 우리는 다양한 상황에서 휴리스틱을 활용하여 스스로도 모르게 감에 따라 판단하면서도 정확하게 행동하고 있지요.

시스티메틱과 휴리스틱

시스티메틱 《깊이 생각하여 판단한다.》

예: 이런저런 궁리를 하지 않으면 낯선 곳에 있는 목적지까지 갈 수 없다.
예: 냉정하게 따져 보면 백인이라도 영어 외의 모국어를 사용하는 사람이 있다는 것을 안다.

휴리스틱 《깊이 생각하지 않고 판단한다.》

예: 일일이 생각하지 않아도 학교나 집에는 갈 수 있다.
예: 백인을 보면 영어를 사용한다고 생각한다.

인간은 두 가지 방식으로 나누어 생각한다!

모든 일에 심사숙고해야 한다면 금방 지치고 말아요. 그래서 우리는 자연스럽게 두 가지 방식을 사용한답니다!

제 3 장 행동경제학과 경제학은 어떻게 다를까?

생각해 보자

- 횡단보도를 건널 때 자연스럽게 왼쪽을 보지 않나요?
- 휴리스틱을 이용해서 잘해 낸 일에는 또 무엇이 있는지 찾아보세요.

12

휴리스틱이 틀릴 때도 많다!

★ 감은 빗나가지 않을 때가 많기는 하지만……

횡단보도를 건널 때 여러분은 왼쪽을 보나요? 아니면 오른쪽을 보나요? 아마 왼쪽을 보는 사람이 대부분일 거예요. 우리나라에서는 자동차가 우측통행하니 횡단보도에 서 있는 우리의 왼쪽에서 차가 오기 때문이지요.

인간은 귀찮은 일을 싫어하기 때문에 횡단보도를 건널 때마다 '왼쪽부터 봐야 하나? 아니야, 오른쪽부터인가?' 하고 생각하지 않아요. 지금까지의 경험으로 "왼쪽부터 본다."라고 결정하지요. 깊이 생각하지 않아도 순간적으로 올바르게 결정하는 거예요. 이렇듯 경험을 바탕으로 빠르게 판단하는 것이 '휴리스틱'이에요.

휴리스틱은 오른쪽 페이지의 설명과 같이 몇 가지 종류가 있다고 알려져 있어요. 휴리스틱을 통한 판단은 대부분 맞는 편이지만 반드시 맞지는 않답니다.

이를테면 우리나라 사람들은 일본에 가서도 횡단보도를 건널 때 무심코 왼쪽을 보곤 해요. 그러고 나서 차가 안 오니 안전하다고 생각하며 급하게 길을 건너다 위험에 빠지기도 해요. 좌측통행인 일본에서는 자동차가 횡단보도에 서 있는 우리의 오른쪽에서 오기 때문이에요. 이렇듯 재빠르게 내린 판단이 반드시 바르지는 않답니다. 자신의 감을 무턱대고 믿기보다 '내가 잘못 생각하고 있을지도 몰라.'라며 따져 보는 자세가 중요해요.

휴리스틱의 세 종류

《**대표성 휴리스틱**》 인간은 "아마 그럴 것이다, 그럴 법하다."처럼 자신이 가지고 있는 인상을 바탕으로 대상을 판단하곤 한다.
예① 외제차를 타고 있는 사람을 보면 부자라고 생각한다.
　　→ 사실은 중고로 싸게 외제차를 산 사람일 수도 있다.
예② 백인을 보면 '영어로 말해야겠다.'라고 생각한다.
　　→ 그 사람은 프랑스어 또는 폴란드어만 사용하는 사람일 수도 있다.
　　　모든 백인이 영어를 쓰는 것은 아니다.

《**가용성 휴리스틱**》 인간은 금방 떠올릴 수 있는 정보나 지식, 기억에 강렬하게 남아 있는 정보만 이용해 결정하곤 한다.
예① 외국인 범죄율이 늘어나고 있다고 믿는다.
　　→ 실제로 범죄율이 줄어들어도 뉴스에서 외국인 범죄를 크게 다루기 때문에 늘어나고 있다고 믿는다!
예② 경제학은 어렵다고 믿는다.
　　→ 많은 사람이 "어려울 것 같다."라고 하니까 덩달아 어렵다고 생각한다.

《**기준점과 조정 휴리스틱**》 인간은 가장 처음 본 숫자나 조건을 기준으로 삼고 그에 영향을 받아서 판단하곤 한다.
예① '한 명당 두 개까지만 구입 가능'이라고 쓰여 있으면, 한 개만 살 생각이었더라도 두 개를 사고 싶어진다.
　　→ 아마 '한 명당 두 개까지만 구입 가능'이라는 문구를 보지 않았다면 두 개를 사는 일도 없을 것이다.
예② TV에서 본 오늘의 운세 코너에서 "오늘 운명의 상대를 만날지도 모른다."라고 했다면 오늘 우연히 마주친 사람을 운명의 상대라고 생각한다.
　　→ 오늘의 운세 코너를 보지 않았다면 운명의 상대라는 생각은 안 했을 것이다.

'휴리스틱'이라는 말 때문에 어렵게 느껴지겠지만, 간추리면 "감도 틀릴 때가 있다."라는 이야기였어요.

- 여러분의 믿음이나 예상이 빗나간 적이 있나요?
- 감이 맞을 때와 틀릴 때 가운데 어떨 때가 더 많나요?

COLUMN

실험과 경제학이 더해진 '실험경제학'이란?

실험경제학은 말 그대로 실험하는 경제학이에요. 그렇다면 무엇을 실험한다는 걸까요?

지금까지의 경제학은 완벽하게 합리적인 인간을 대상으로 해 왔지만 실제로 그런 사람은 없다는 사실을 앞에서 이야기했어요. 아무리 훌륭한 이론이라도 인간이 그 이론대로 행동하지 않는다면 의미를 찾기 어렵고 세상에 도움이 되지도 않아요.

실험경제학에서는 경제학 이론이나 경제학의 사고방식이 현실적인지, 인간이 그에 따라 행동하는지를 여러 실험으로 증명한답니다.

30쪽, 32쪽에서 다룬 문제는 실험경제학에서 유명한 실험인 '최후 통첩 게임'과 '독재자 게임'이었어요.

행동경제학과 마찬가지로 실험경제학을 연구한 사람들 가운데 노벨경제학상을 받은 사람들이 있어요. 최근 들어 실험경제학에서는 행동경제학, 심리학, 신경과학 등 다른 분야와 연결해 다양하게 연구하고 있으니 앞으로 더욱 주목받는 분야가 될 거예요.

제 4 장
치우쳐 생각하는 경향을 알아보자!

1

인간을 비합리적이게 하는 '편향'이란?

★ 치우쳐 생각하는 편향

편향(偏向, Bias)은 정확한 정보나 다른 사람의 의견을 생각하지 않고 멋대로 믿거나 결정하는 것을 말해요. 여러분이 아무리 '나는 그렇지 않은데?'라고 생각해도 인간이라면 누구나 다양한 편향에 빠지기 쉬운 존재랍니다. 여러분도 근거 없는 믿음이나 선입견을 바탕으로 멋대로 단정할 때가 있어요. 이러한 편향 때문에 때때로 합리적이지 않은 결정을 내리기도 해요.

이를테면 여름 방학이 막 시작되었을 때 방학 숙제를 할 시간이 충분하다고 생각해 여유를 부린다면 어떨까요? 이는 대표적인 편향의 하나인 '계획 오류(74쪽)'에 빠졌다고 할 수 있어요.

제3장에서 설명한 휴리스틱으로 내리는 판단이 빗나가는 까닭도 편향 때문이에요. 그렇다면 편향에 영향을 받지 않고 합리적으로 결정하려면 어떻게 해야 할까요? 편향에 어떤 종류가 있는지 알고 자신에게도 편향이 있다는 사실을 받아들여야 해요. 인간이 빠지기 쉬운 편향을 알아 두면 결정할 때 근거 없는 믿음 대신 합리적으로 생각할 수 있어요. 제4장에서는 우리에게 있는 대표적인 열한 가지 편향을 알아보려고 해요. 이번 장이 "들인 돈과 노력이 아까워서 그렇게 선택한 것 같아, 확증 편향에 사로잡혀 판단을 잘못했어."처럼 경험에 비추어 보는 시간이 되기를 바랄게요.

인간은 다양한 편향에 빠지기 쉬워요!

제4장 자꾸 생각하는 경향을 알아보자!

» 현재 편향 (➡64쪽)
인간은 눈앞의 이익을 좇기 쉽다.

» 현상 유지 편향 (➡66쪽)
인간은 귀찮은 일을 싫어하므로 새로운 시도보다 상태 유지가 낫다고 생각한다.

» 확증 편향 (➡68쪽)
인간은 자신이 옳다고 믿고 싶어 하므로 자신의 의견과 맞는 정보만 모은다.

» 동조 효과 (➡70쪽)
인간은 다른 사람들과 의견이 같을 때 안심한다.

» 희소성 원리 (➡72쪽)
인간은 가지기 어려운 것일수록 가치 있게 느낀다.

» 계획 오류 (➡74쪽)
인간은 미래를 낙관적으로 예측한다.

» 닻 내림 효과 (➡76쪽)
처음 나온 조건을 판단 기준으로 삼아서 끌려간다.

» 극단 회피성 (➡78쪽)
왠지 한가운데를 선택하고 싶어 한다.

» 매몰 비용 오류 (➡80쪽)
돈이나 시간을 들인 일은 도중에 그만두기가 아깝다.

» 틀 효과 (➡82쪽)
같은 이야기라도 표현에 따라서 다른 인상을 받는다.

» 보유 효과 (➡84쪽)
자신에게 있는 물건이나 누리는 환경을 치우는 것을 아까워한다.

여기에서 소개한 편향은 누구에게나 있는 '확신, 오해' 같은 거예요. 편향의 종류는 아주 다양하니까 또 다른 편향은 무엇이 있는지 조사해 보세요.

2

현재를 위해 중요한 일을 나중으로 미룬다!

★ 인간은 당연히 눈앞의 유혹을 이기지 못한다?

"용돈을 모아서 스마트폰을 사야지."라고 결심하며 돈을 모으기 시작했어요. 그런데 목표 금액을 다 모으기도 전에 학용품이나 만화책을 갖고 싶어서 모아 둔 돈을 쓰는 사람이 있어요. 여러분도 비슷한 경험을 해 본 적 있나요?

"스마트폰을 살 수 있을 만큼 돈을 모으려면 아직 멀었으니까."라며 처음에 세운 목표를 제쳐 두고 당장 갖고 싶은 물건부터 사지요. "또 모아 둔 돈을 썼네! 쓸데없는 걸 더 이상 사지 않을 거야."라며 마음을 다잡았다가도 다시 비슷한 일을 하기도 해요. 그럴 때마다 자신이 한심스럽겠지만, 어쩔 수 없는 일이랍니다. 우리에게는 미래의 큰 이익보다 눈앞의 작은 이익에 쉽게 넘어가기 때문이에요.

한 가지 질문을 해 볼게요. 여러분은 다음에서 어느 쪽을 고르겠나요?

① **지금 당장 10만 원을 받는다.** ② **1년 뒤에 15만 원을 받는다.**

은행에 10만 원을 1년 동안 맡겨 놓았을 때 이자는 1만 원이 채 되지 않아요. 그러니 1년을 기다려서 5만 원을 더 받을 수 있는 ②가 당연히 이익이지요. 하지만 사람들은 대부분 지금 당장 돈을 받고 싶어 하기 때문에 ①을 고른답니다. 합리적으로 따져 보면 1년을 기다리는 게 좋지만 그 시간을 참지 못하고 눈앞의 이익을 택하는 거예요.

이 편향은 무엇일까요?

현재 편향

인간은 미래의 큰 이익보다 눈앞의 작은 이익을 우선한다. '현재 지향 편향'이라고도 한다.

> 당장의 이익을 택하면 이득을 본 것처럼 느껴지겠지만 실제로 이익은커녕 손해를 보기도 해요.

현재 편향에 빠지지 않는 방법

- ☑ 자신이 현재의 이익을 중요하게 여긴다는 사실을 기억한다.
- ☑ 눈앞의 이익과 미래의 큰 이익을 비교해 본다.
- ☑ 해야 할 일을 나중으로 미루지 않도록 아예 습관으로 만든다.
- ☑ 해야 할 일을 나중으로 미루었을 때 스스로에게 줄 벌칙을 정해 둔다.
- ☑ 해야 할 일을 나중으로 미루는 이유를 생각해 보고 그것과 거리를 둔다.

❓ 생각해 보자

- 눈앞의 유혹을 이기지 못한 적이 있나요?
- 지금 해야 할 일을 나중으로 미루는 편인가요? 아니면 미루지 않는 편인가요?

3

지금 이대로도 괜찮다고 생각한다!

★ 지금 상태에 계속 머문다면 시대에 뒤처진다!

스마트폰은 아주 편리한 기계예요. 그런데 여전히 스마트폰이 나오기 전에 사용하던 피처폰을 쓰는 사람들이 있어요. 스마트폰이 쓰이는 시대인데도 피처폰을 쓰는 사람에게 나름대로 이유가 있겠지만, 단순히 "스마트폰으로 바꾸기 귀찮다."라는 이유로 바꾸지 않는 사람도 많아요. 스마트폰은 편리해서 이용하는 사람에게 이익이 더 많아요. 이와 달리 피처폰을 사용하는 사람에게는 스마트폰을 다루는 방법을 새롭게 배워야 하니 너무 귀찮은 일을 가져오는 도구로 느껴지지요.

오늘날에는 새로운 제품이나 서비스가 성능이 좋아지고 사용하기 더 편리해져서 나오고 있어요. 그런데도 "귀찮다."라는 이유만으로 사용하지 않는 행동이 합리적이라고 할 수 있을까요?

예전에는 계좌에 돈을 보내려면 은행에 직접 가야 했어요. 지금은 스마트폰 덕분에 언제, 어디서나 돈을 보낼 수 있고 수수료를 내지 않기도 해요. 그런데도 변화에 적응하기 귀찮아하는 사람은 여전히 은행에 가서 수수료를 내며 계좌에 돈을 보내지요.

뭐든 새로운 것이 좋다고 할 수 없지만, 현상 유지 편향이 강하면 시대에 뒤처져서 시간과 돈을 손해 보거나 불편한 일들이 생긴답니다.

이 편향은 무엇일까요?

현상 유지 편향

변화와 새로움을 피하고 현재 상태를 유지하려고 한다. 새로운 변화가 지금까지의 안정을 무너지게 한다고 받아들여서 현재 상태를 유지하려고 한다.

> 우리 할아버지는 지금도 피처폰을 쓰고 계셔. "스마트폰이 더 편리해요."라고 말씀드려도 스마트폰으로 바꾸지 않으시는데 '현상 유지 편향' 때문일지도 몰라!

현상 유지 편향에 빠지지 않는 방법

- [x] 다른 사람에게 의견을 묻는다.
- [x] 현재 상태를 유지하면 얼마나 손해인지 따져 본다.
- [x] 새로운 것을 시도하지 않으면 발전하지 못한다는 사실을 받아들인다.
- [x] 귀찮은 일일수록 '그래도 하는 편이 낫지 않을까?' 하고 다르게 생각해 본다.
- [x] '지금 이대로도 괜찮을까?, 더 나은 방법은 없을까?' 하고 질문해 본다.

생각해 보자

- 귀찮다는 이유로 새롭게 바꾸기를 망설이거나 나중으로 미룬 적이 있나요?
- 현재 상태를 유지하려고만 하면 발전할 수 있을까요?

제4장 자주 생각하는 경향을 알아보자!

4

자신이 믿고 싶은 대로만 믿으려고 한다!

★ 자신의 믿음이 옳음을 확인하고 싶어 하는 인간

어른이 되어서 좋아하는 사람이 생겼다고 상상해 보세요. 친구가 그 사람에 대한 좋은 소문을 전해 준다면 '역시 좋은 사람이었어!'라고 생각할 거예요. 하지만 나쁜 소문을 전해 준다면 '그런 소문은 믿을 게 못 돼.'라고 생각하며 무시하지요. 이처럼 인간은 자신의 생각과 맞는 정보는 받아들이면서 맞지 않는 정보는 제멋대로 무시하곤 한답니다.

자신의 믿음이 잘못되었다고 알려 주는 정보를 보면 기분이 좋지 않아요. 그런 정보에서 눈을 돌리면 올바르게 판단하지 못해요. 현명한 사람은 자신의 생각과 반대되는 의견에도 귀를 기울여요. 또 '그 말이 사실일까?' 의심해 보고, 그 의심을 풀기 위해 책을 읽거나 의견이 다른 사람의 이야기를 들으면서 잘못된 생각이나 믿음에 휘둘리지 않으려고 노력해요.

자신의 생각과 반대되는 의견일수록 귀담아듣는다면, 문제가 생겼을 때 재빠르게 대처할 수 있어요. 이를테면 내가 좋아하는 사람이 나쁜 사람이라는 사실을 조금이라도 일찍 알아서 사귀기 전에 헤어질 수 있듯요. 자신의 생각과 맞는 정보만 믿고 생각과 다른 정보는 무시하면서 진실 마주하기를 피한다면 문제는 더욱 커질 수 있답니다.

이 편향은 무엇일까요?

확증 편향

자신의 생각과 들어맞는 정보만 믿고
자신의 생각과 맞지 않는 정보를 꺼린다.

왠지 내 생각과 반대되는 정보를 보기 두려워서 자꾸 피하잖아? 그러다 보면 나중에 생긴 문제가 더욱 커져서 부모님께 혼이 나기도 해.

확증 편향에 빠지지 않는 방법

- ☑ 자신에게도 '확증 편향'이 있다는 사실을 기억한다.
- ☑ 자신의 생각이 옳은지 의심해 본다.
- ☑ 나에게 불리한 정보일수록 피하거나 무시하지 않아야 한다.
- ☑ 자신의 선입견이나 믿음에 근거가 있는지 조사해 본다.
- ☑ 나와 반대인 의견이라도 솔직하게 말해 주는 제삼자에게 의견을 묻는다.

생각해 보자

- 자신의 생각과 맞는 정보만 찾아본 적이 있나요?
- '내 생각과 다른 정보도 미리 알아 둘걸.' 하고 후회한 적이 있나요?

5

다른 사람들과 똑같이 행동하고 싶다!

★ 다른 사람과 똑같이 선택하면 안심할 수 있겠지만 꼭 정답은 아니다!

떡볶이가 먹고 싶어서 동네를 돌아다니며 떡볶이 가게를 찾고 있어요. 그러다가 한 골목에서 나란히 자리 잡은 떡볶이 가게 두 곳을 발견했어요. 한쪽은 손님으로 가득했고 다른 한쪽은 손님이 반 정도 있었어요.

이럴 때 보통 '손님이 가득한 곳이 맛집일 거야! 저기로 가야지!'라고 결정하지 않나요? 이는 더 많은 사람과 행동할 때 왠지 마음이 놓이기 때문이에요. 그런데 모두와 같은 행동을 하는 것이 반드시 정답이라고 할 수는 없어요. 두 떡볶이 가게에서 어느 쪽이 내 입맛에 맞는지 먹어 보기 전에는 알 수 없으니까요. 또한 손님이 반 정도 있던 떡볶이 가게가 사실은 유명한 맛집일 수도 있어요. 방금 전까지 아주 붐볐기 때문에, 그곳에 가지 못한 손님들이 어쩔 수 없이 옆 가게에 가서 자리를 꽉 채웠을 수도 있지요.

수업 시간에 선생님이 OX 퀴즈를 냈을 때, 생각하는 정답에 손을 들려는데 친구들이 아무도 손을 들지 않아요. 이때 왠지 불안해져서 덩달아 손을 내리고 있지 않았나요? 친구들이 손을 든 쪽이 오답일 수도 있어요. 이처럼 모두가 고른 선택지가 반드시 정답이라고 할 수는 없답니다.

이 편향은 무엇일까요?

동조 효과

어떤 행동을 할지 고민스러울 때 다른 사람과 같은 행동을 하며 안심하고 옳게 선택했다고 생각한다.

아무리 내 판단에 자신이 있어도 혼자서 다르게 선택하면 불안해지는 게 사실이야. 나도 친구들이 손을 든 것을 보고 따라서 손을 든 적이 있었으니까…….

동조 효과에 휘둘리지 않는 방법

- ☑ 모두와 같이 선택해야 안심하는 '동조 효과'를 기억한다.
- ☑ 모두와 같은 행동이라도 늘 옳지 않을 수 있다는 사실을 이해한다.
- ☑ 자신의 판단을 믿고 주변 사람들 때문에 의견을 바꾸지 않도록 한다.
- ☑ 자신만의 기준을 가지고 다른 사람들에게 휩쓸리지 않겠다고 다짐한다.
- ☑ 자신이 옳다고 생각하는 쪽으로 행동하는 용기를 가진다.

생각해 보자

- '남들도 그렇게 하니까.'라고 생각하면서 규칙을 어긴 적이 있나요?
- 동조 효과가 친구들과 협동하는 데에 도움이 된다고 생각하나요?

6

가지기 어려울수록 더욱 갖고 싶어진다!

★ 한정판이 매력적인 이유

미국의 유명한 햄버거 브랜드가 한국에 처음 들어왔을 때 많은 사람이 매장 앞에서 오랫동안 줄을 섰어요. 지금은 그때만큼 긴 줄은 보이지 않아요. 햄버거 매장이 여러 곳에 생기면서 쉽게 사 먹을 수 있게 되자 기다리는 사람이 줄었지요.

모든 사람이 갑자기 햄버거를 싫어하게 된 것이 아니에요. 당시에 줄을 섰던 사람들은 '정말 맛있으니까 몇 시간을 기다려서라도 먹고 말 거야!'라고 생각했을 거예요. 하지만 지금은 '이제는 몇 시간씩 기다리고 싶지 않아.'라고 생각하는 거지요.

인간의 마음은 가지기 어려운 것을 더욱 가치 있게 느끼곤 해요. 기간이나 수량이 정해져 있다는 말을 들으면 갑자기 가지고 싶어지는 까닭도 이런 마음 때문이에요. 처음 접한 브랜드의 햄버거는 맛도 있지만, 쉽게 먹을 수 없다는 사실이 원하는 마음을 커지게 해서 인기를 끌었을지도 몰라요.

요즘은 어느 상점에 가든 '한정 상품'이라는 말을 자주 발견할 수 있어요. 그다지 갖고 싶어 하는 마음이 없던 고객에게 희소성을 강조해서 물건을 사고 싶게 만드는 작전이랍니다. 그런 작전에 쉽게 휘둘리는 사람은 돈 낭비를 할 수 있으니 주의해야 해요.

이 편향은 무엇일까요?

희소성 원리

무언가를 쉽게 가질 수 없을수록
가치가 있다고 느낀다.

> 우리 엄마는 '한정판'이라는 말에 약해서 이것저것 사시지만 금방 후회하실 때도 있고 아예 쓰지 않으실 때도 있어. 어떻게 하면 좋을까?

희소성 원리에 휘둘리지 않는 방법

- ☑ 인간이 '희소성'에 약하다는 사실을 기억한다.
- ☑ 희소성 때문에 매력적인지 대상 자체가 매력적인지 냉정하게 따져 본다.
- ☑ 갑자기 갖고 싶다는 마음이 생겼다면 잠깐 시간을 둔 뒤에 다시 생각해 본다.
- ☑ '한정, 희귀, 품절 임박' 같은 말을 보기 전에는 그 물건을 어떻게 생각했는지 떠올려 본다.
- ☑ 지금까지 돈을 낭비했던 경험을 되돌아본다.

생각해 보자

- 한정판을 갖고 싶었던 적이 있나요?
- 희소성 때문에 샀지만 사자마자 관심이 없어진 물건이 있나요?

7

미래를 희망적으로 예상한다!

★ 나의 예측은 대부분 빗나간다?

무언가를 할 때 "이 정도 시간이면 끝낼 수 있겠지." 하고 예측해도 그렇게 되지 않을 때가 많지요? '왜 내가 예측한 대로 안 되지?'라며 속상해하는 친구들도 있을 거예요.

　누구나 한 번쯤은 이렇게 고민하는 것이 바로 여름 방학 숙제예요. 여름 방학이 끝나 갈 때면 계획대로 숙제를 하지 않은 자신을 탓하곤 해요. 그리고 '내년에는 더 계획적으로 숙제할 거야!'라고 다짐해요. 하지만 다음 해가 되어도 여름 방학은 아직 많이 남았으니 숙제를 안 해도 된다고 생각하며 같은 실수를 반복하기 쉬워요. 이렇게 사람들은 미래를 희망적으로 바라보고 계획을 세우곤 해요. 또 계획을 세울 때 일이 잘 진행된다는 믿음을 갖지요.

　이와 같은 상황을 피하려면 계획 오류 때문에 예정한 일을 못할 수도 있다는 사실을 인정해야 해요. 그러고 나서 과거를 돌아보며 실제로 일이 어떻게 진행되었는지 떠올려 보세요. '지금은 3일 만에 끝낼 수 있다고 예상하지만, 예상보다 두 배 이상 걸릴 때가 많았어. 그러니까 실제로는 6일 정도 걸릴 것 같아.'처럼 자신만의 대처법을 생각해 보도록 해요.

이 편향은 무엇일까요?

계획 오류

실제로 계획한 대로 진행하지 못했더라도 새로운 계획을 세울 때는 미래를 희망적으로 본다.

> 여름 방학 숙제를 미루다가 마지막에 몰아서 하는 건 '계획 오류' 때문이었나 봐! 앞으로는 나를 너무 믿지 말고 여유 있게 계획을 세워야겠어!

계획 오류에 빠지지 않는 방법

- ☑ 자신이 '계획 오류'에 빠진다는 사실을 인정한다.
- ☑ 어떤 일을 할 때 시간이 얼마나 걸리는지 재 보고, 예측한 시간과 비교해 본다.
- ☑ 기분이나 몸이 안 좋은 날도 있으므로, 예정대로 진행되리라는 믿음으로 계획을 세우지 않도록 주의한다.
- ☑ 계획대로 되지 않을 때가 많다고 생각하면서 처음부터 여유 있게 계획을 세운다.
- ☑ 자신이 계획한 대로 이루어질 것 같은지 다른 사람에게 물어본다.

제 4 장 차우쳐 생각하는 경향을 알아보자!

생각해 보자

- 여러분에게도 '계획 오류'가 있는 것 같나요?
- 무언가를 할 때 예상보다 일찍 끝나는 일은 드물지 않나요?

8

처음에 나온 숫자에 영향을 받는다!

★ '할인'은 물건을 팔려는 작전일 뿐?

옷 가게에서 마음에 드는 옷을 발견하고 가격표를 봤는데 '150,000원'에서 '98,000원'으로 할인한 가격이 적혀 있다면 어떤가요? 가격이 싸니 이 옷으로 사야겠다고 생각하기 쉬워요. 하지만 그 옷에 '98,000원'이라고만 적혀 있을 때 사고 싶은 마음이 들 만큼 매력적인가요? 150,000원에서 98,000원으로 할인했을 때가 더 매력적일 거예요. 처음에 나온 '150,000원'이라는 숫자 때문에 같은 옷이 주는 느낌이 바뀌는 것이지요.

홈 쇼핑에서는 처음부터 "30만 원에 판매합니다!"라고 하지 않아요. "원래는 60만 원이지만 오늘 하루만 40만 원으로 할인합니다! 게다가 지금부터 한 시간 동안 주문하신 분들은 10만 원을 더 할인해 드리겠습니다! 지금 주문하면 무려 30만 원에 구매하실 수 있어요!"라며 복잡하게 이야기하지요. 이는 처음 나온 숫자를 이용한 판매 수법이에요. 물건을 살 때는 이익을 본 기분이 들지만 나중에 후회한다면요? 그렇다면 정말 가지고 싶어서 산 게 아니라 '할인'에 이끌려서 샀기 때문이에요. 오른쪽 페이지에 소개한 대처법을 실제로 활용해 보세요. '아, 이걸 왜 샀지…….'라며 후회하는 일을 조금이나마 줄일 수 있답니다.

이 편향은 무엇일까요?

닻 내림 효과

처음에 나온 숫자나 조건이 기준이 되어서
그 후의 판단에 영향을 준다.

우리 아버지는 늘 "할인하기에 샀어."라고 말씀하시지만, 닻 내림 효과를 활용한 작전에 넘어가신 것 같아.

닻 내림 효과에 휘둘리지 않는 방법

- ☑ 인간은 처음 나온 기준에 영향을 받기 쉽다는 사실을 기억한다.
- ☑ 처음 나온 기준이 없었다면 어떻게 판단했을지 생각해 본다.
- ☑ 판단하기 망설여진다면 그 자리에서 결정하지 말고 한 걸음 물러나서 고민해 본다.
- ☑ 시간 여유가 있다면 처음에 나온 기준이 올바른지 조사해 본다.
- ☑ 자신만의 합리적인 기준으로 판단하는 연습을 한다.

제 4 장 치우쳐 생각하는 경향을 알아보자!

생각해 보자

- 할인한다는 이유로 물건을 사 본 적이 있나요?
- 필요 없는 물건이라도 싸기 때문에 사는 행동이 합리적인 행동이라고 할 수 있을까요?

9

가운데 선택지를 고르고 싶어 한다!

★ 같은 가격도 다르게 받아들인다?

점심을 먹으러 간 음식점에서 메뉴판을 봤는데 'A 세트 11,800원', 'B 세트 9,800원'이라고 되어 있다면 어느 쪽을 고르겠나요? 또 세트 메뉴가 'A 13,800원', 'B 11,800원', 'C 9,800원'으로 나누어져 있다면 무엇을 고르겠나요?

  사람들은 대부분 선택지가 두 개일 때는 A 세트(11,800원)가 비싸다고 느껴져서 B 세트(9,800원)를 골라요. 하지만 선택지가 세 개일 때는 가운데 있는 B 세트의 가격이 적당하다고 느껴서 그 메뉴를 고르는 사람이 많아요.

  12쪽에서 말한 고급 초밥 음식점에서 A, B, C 가운데 메뉴를 정할 때와 비슷한 편향으로 움직였다고 볼 수 있어요.

  신기하게도 인간은 선택지가 다르게 주어지면 같은 가격이 싼지 비싼지 평가하는 기준이 바뀌어요. 이런 생각에는 '큰 금액은 내기 싫다, 적은 금액으로는 마음에 드는 것을 가지지 못할 것 같아서 싫다.'처럼 손해를 피하고 싶어 하는 마음이 있어요. 물건을 판매하는 사람은 이러한 인간의 심리를 이용하여 고객에게 세 가지 선택지를 주면서 팔고 싶은 상품을 가운데에 두기도 해요. 여러분이 자신의 기준에 따라 결정했다고 생각하는 것도 사실은 상대방의 작전에 넘어가서 한 선택일 수 있어요.

이 편향은 무엇일까요?

극단 회피성

인간은 선택지가 세 가지 이상 있으면 가운데에 있는 것을 고른다.

솔직히 가운데 선택지를 고르고 싶어져. 하지만 앞으로는 '극단 회피성'에 휘둘리지 말고 진짜 내가 원하는 걸 선택해야겠어!

극단 회피성에 빠지지 않는 방법

- ☑ 자신에게 '극단 회피성'이 있다는 사실을 기억한다.
- ☑ 무엇을 정말 원하는지 깊이 고민해 본다.
- ☑ '가장 싼 것을 고르면 나를 구두쇠라고 생각할지도 몰라.'라고 생각해 다른 사람의 시선을 신경 쓰거나 허세를 부리지 말고 선택한다.
- ☑ 싼 것만 있다고 했을 때 그것으로 만족할 수 있을지 생각해 본다.
- ☑ 다른 것과 비교해서 너무 비싼 것이 있다면 가운데 선택지를 고르게 하려는 판매 작전은 아닌지 의심해 본다.

생각해보자

- 지금까지 왠지 모르게 가운데 선택지를 고른 것 같지 않나요?
- 가장 비싼 것을 원했지만 가운데 선택지를 고르거나, 가장 싼 것을 원했지만 가운데 선택지를 고른 적이 있나요?

10

그만두고 싶지만 그만둘 수 없다!

★ 게임을 끊지 못하는 사람이 빠지기 쉽다!

스마트폰 게임은 처음에는 공짜로 할 수 있어요. 시간이 지날수록 게임을 더 재미있게 즐기고 싶다면 무기나 특별한 아이템을 갖추어야 해서 돈을 내고 아이템을 뽑게 해요.

하지만 돈을 낸 뒤, 아이템을 뽑는다고 바로 원하는 아이템이 나오지 않아요. 결국 원하는 아이템이 나올 때까지 뽑고 싶어져요. 이렇게 돈을 쓰다 보면 게임을 그만두기가 어렵답니다. '돈을 이만큼이나 썼으니까 그만두기 아까워.'라고 생각하기 때문이에요.

한 번 쓰고 나면 되돌릴 수 없는 돈, 노력, 시간을 헛되게 만들고 싶지 않아서, 이대로 가다가는 손해임을 알면서도 게임을 끊지 못하지요. 정리하면 돈을 내고 한 게임일수록 그만두기 어렵답니다.

용돈을 모아서 산 책이 재미가 없을 때도 꾹 참고 끝까지 읽으려는 사람이 있어요. 하지만 재미없는 책을 계속 읽는다면 오히려 시간 낭비가 아닐까요? 이와 달리 '재미없으니 계속 읽는 것은 시간 낭비야.'라고 생각하는 사람은 합리적으로 판단한 사람이라고 할 수 있어요.

이 편향은 무엇일까요?

매몰 비용 오류

지금까지 들인 돈이나 시간 등이 아까워서 합리적으로 판단하지 못한다.

'이만큼 돈과 시간과 노력을 들였으니 그만두기 아깝다.'라는 생각이 끊을 수 없게 하는구나. 매몰 비용 오류에 빠진 사람의 마음을 충분히 이해해.

매몰 비용 오류에 빠지지 않는 방법

- ☑ 자신이 '매몰 비용 오류'에 빠질 수 있다는 사실을 기억한다.
- ☑ 지금까지 들인 비용과 상관없이 계속할지 그만둘지 정한다.
- ☑ 시간이나 돈을 얼마나 쓸지 기준을 정한다.
- ☑ 지금 상황이 이어지면 손해를 얼마나 보는지 냉정하게 계산해 본다.
- ☑ 되돌릴 수 없는 돈과 시간이나 노력은 "되돌릴 수 없다."라고 받아들인다.

생각해 보자

- 뷔페에 가서 '본전을 뽑아야지.'라고 생각한 적이 있나요? 왜 그렇게 생각할까요?
- 무언가 받기 위해 줄을 섰다면 아무리 오래 걸려도 끝까지 기다리는 편인가요?

11

같은 대상인데도 반응이 달라진다!

★ 같은 뜻이라도 표현에 따라 다르게 받아들일 수 있다!

인터넷에는 "구매자 가운데 95%가 효과를 봤다!"라는 광고 문구를 쉽게 찾아볼 수 있어요. "구매자 가운데 5%는 효과를 얻지 못했다!"와 같은 뜻이지만 이런 광고 문구를 본 적은 없을 거예요. 이런 표현으로 광고하면 소비자가 끌리지 않기 때문이에요.

'달마다 3,000원'과 '연간 36,000원'은 표현이 다를 뿐, 1년에 내는 금액은 똑같아요. 하지만 '달마다 3,000원'이 덜 부담스럽지 않나요?

시험에서 90점을 받았다는 사실을 부모님께 알릴 때 "100점에서 10점 부족해요."라고 말하지 않아요. "90점이에요!"라고 표현해야 더 좋은 인상을 주기 때문이에요.

이렇듯 같은 뜻의 표현이라도 어디에 주목하는지에 따라서 다르게 느껴져요. 같은 뜻의 문장이라도 어떤 부분을 강조하는지에 따라서 상대방은 다르게 받아들여요. 또 그 후의 행동을 결정하는 데 영향을 준답니다.

같은 이야기를 들어도 표현이 달라서 "산다, 안 산다, 행동한다, 행동하지 않는다."라는 판단을 바꿀 수 있어요.

이 편향은 무엇일까요?

틀 효과

같은 내용이라도 다르게 표현하면
결정을 달리할 수 있을 만큼
인상이 바뀔 수 있다.

홈 쇼핑에서 틀 효과를 이용해 고객들에게 물건을 파는 것은 아닐까? 앞으로 좀 더 신경 써서 봐야겠어.

틀 효과에 휘둘리지 않는 방법

- ☑ '틀 효과' 때문에 인상이 바뀔 수 있다는 사실을 기억한다.
- ☑ 보거나 들은 것을 다른 관점에서 해석하는 습관을 키운다.
- ☑ 손실 회피성(54쪽)을 바탕으로 틀 효과를 생각해 본다.
- ☑ 과장 광고가 틀 효과로 인상을 꾸며 내리는 것은 아닌지 의심해 본다.
- ☑ 0.2kg과 200g처럼 같은 무게도 표현에 따라 느낌이 달라지므로, 숫자를 볼 때 유의한다.

생각해 보자

- 여러분 주변에서 틀 효과를 찾아보세요!
- 자신에게 불리한 상황에서 틀 효과로 변명해 본 적이 있나요?

12

자신에게 있는 것은 가치가 크다고 느낀다!

★ 한번 가진 것은 쉽게 버리지 못한다?

여러분 주변에는 "물건이 너무 많으니 정리해서 집을 깔끔하게 하고 싶어."라며 정리 관련 유튜브 동영상을 보는 사람이 있나요? 요즘에는 '필요 없는 물건을 버리고, 물건에 집착을 버려서 일상과 삶을 가볍게 하려는 사고방식'이 유행하고 있어요. 그런데 사람들은 대부분 실천하지 못하고 있어요. 자신이 가진 물건이나 누리고 있는 환경의 가치를 없을 때보다 높게 평가하여 정리하기 아까워하기 때문이에요.

24쪽에서 비싸지만 더 이상 입지 않는 옷을 버리지 못하는 사람을 이야기했지요? 그런 사람이 이와 같은 영향을 받기도 쉬워요.

1년 이상 자전거를 타지 않는데 '언젠가 탈지도 모르니까.'라는 생각으로 정리하지 못하는 사람이 있다고 해 볼게요. 그런 사람도 자신처럼 더 이상 자전거를 타지 않는 친구에게 "안 탈 거면 버려도 되지 않아?"라고 말할 수 있어요. 친구의 자전거보다 자신의 자전거가 더 가치 있다고 생각하기 때문이랍니다.

이렇듯 인간은 더 이상 필요하지 않은 물건이라도 자신의 손에 들어온 것은 잃고 싶어 하지 않는답니다.

이 편향은 무엇일까요?

보유 효과

무언가를 가졌을 때 가지기 전보다
더 가치 있다고 느낀다.

> 사실 선생님도 '이제 더 이상 쓸 일 없겠지.' 하고 생각하면서도 버리지 못하는 물건이 있어요. 예상대로 그런 물건을 실제로 쓰는 일은 거의 없답니다.

보유 효과에 휘둘리지 않는 방법

- ☑ 물건을 버리지 못한다면 '보유 효과' 때문일 수도 있다는 사실을 기억한다.
- ☑ 그 물건이 없다고 가정하고 그래도 갖고 싶다는 마음이 들지 상상해 본다.
- ☑ 자신의 물건에 있는 가치를 남들은 어떻게 평가할지 예측해 본다.
- ☑ 일정 기간 사용하지 않는 물건은 필요 없는 물건인지 따져 본다.
- ☑ 버리지 못하는 물건은 앞으로 어떻게 사용할지 고민해 본다.

생각해 보자

- 여러분의 집에도 몇 년 동안 사용하지 않았는데 버리지 못하는 물건이 있나요?
- 그 물건은 앞으로 쓸 일이 있을까요?

COLUMN

이 세상은 아주 커다란 경제 실험실!?

경제학자는 여러 방면으로 연구하여 다양한 이론을 발표해요. 하지만 인간은 경제학자가 생각하는 쪽으로 행동하지 않아요. 그렇다 보니 경제학 이론대로 사회를 바꾸어도 경제가 좋아질지, 나빠질지 알 수 없답니다.

경제학과 현실 세계 사이의 차이를 메우기 위해 행동경제학이 탄생했어요. 그렇지만 행동경제학도 모든 문제를 해결해 주지는 않아요. 그래서 실험경제학(60쪽)이 등장했어요. 경제학은 화학 실험처럼 연구실에서 실험한다거나 눈앞에서 화학 반응이 일어나서 결과를 확인할 수 있는 것이 아니에요.

이를테면 "한국에 외국인 이민자가 늘어나면 한국인의 수입이 줄어든다."라는 가정을 경제학으로 증명하려면 어떻게 실험해야 할까요? 한국에 온 수많은 외국인을 하나의 실험실에 모으기는 어려운 일이니 말이에요.

이때 현장 실험을 이용한답니다. 현장 실험은 실제 사회를 실험 장소로 삼아 그곳에서 생긴 현상의 원인과 결과를 관찰하여 밝혀내요. 또는 어떤 조건에 따라서 어떤 결과가 나타나는지 비교하는 방법이에요.

제 5 장

인간의 마음을 자연스럽게 이끄는 '넛지 이론'

1

노벨상을 받은 '넛지 이론'이란?

★ 자연스럽고 바람직하게 행동하게 하는 '넛지'

'넛지(Nudge)'라는 영어 표현은 "팔꿈치로 쿡 찌르다, 등을 살짝 밀다."라는 뜻이에요. 이를테면 친구가 좋아하는 사람을 보고 수줍어서 우물쭈물하고 있다고 상상해 보세요. 그럴 때 친구를 억지로 끌어서 좋아하는 사람 쪽으로 데리고 가는 행동은 넛지가 아니에요. "말을 걸어 봐."라는 마음을 담아서 쑥스러워하는 친구의 등을 살짝 밀어주는 것이 넛지랍니다.

행동경제학의 대표 이론 가운데 하나가 바로 이 '넛지 이론'이에요. 쉽게 말해 팔꿈치로 쿡 찌르거나 등을 살짝 밀어서 상대방이 바람직하게 행동하도록 자연스럽게 이끄는 행동을 가리키지요.

넛지 이론을 만든 리처드 탈러는 2017년에 노벨경제학상을 받았어요. 제5장에서는 노벨상을 받은 '넛지 이론'을 살펴볼게요.

> **알아 두어야 하는 단어**
>
> ### 자유주의적 개입주의
> 한 사람의 행동과 선택의 자유를 막지 않으면서 더 나은 결과를 얻도록 한다는 관점이에요. 넛지 이론의 바탕이 되는 사고방식이지요. 행동경제학자 리처드 탈러와 법철학자 캐스 선스타인이 주장했어요.

넛지 이론이란?

넛지 이론

팔꿈치로 쿡 찌르듯이 자연스러운 방법으로 올바르게 행동하도록 이끄는 이론.
대표적인 행동경제학 이론 가운데 하나!

넛지 이론의 창시자

리처드 탈러
Richard H. Thaler (1945년 9월 12일 출생)

미국 출생. 미국의 시카고대학교 경영 대학원 교수. 행동경제학 발전에 이바지한 넛지 이론 연구를 인정받아 2017년에 노벨경제학상을 받았다.

노벨경제학상을 받은 이론이라고 하니 어려울 것 같나요? 여러분도 이해할 수 있는 내용이니 지금부터 차근차근 설명해 줄게요.

어려울까 봐 조금 걱정스럽지만 열심히 들어 볼게요!

생각해 보자

- 무언가를 억지로 해야 하는 상황이 싫지 않나요?
- 여러분의 가족은 무언가를 강제로 시키는 편인가요? 아니면 팔꿈치로 쿡 찌르거나 등을 살짝 밀 듯이 자연스럽게 이끌어 내는 편인가요?

2

넛지 이론의 네 가지 요소 'EAST'

★ 넛지에는 중요한 요소가 네 가지 있다!

넛지를 자세히 설명하기 전에, 넛지를 이루는 중요한 요소 네 가지를 소개할게요.

- **쉬운(Easy)** : 인간은 쉽고 편한 행동을 선호한다.
- **매력적인(Attractive)** : 인간은 매력적으로 느껴지는 것을 선택한다.
- **사회적인(Social)** : 인간은 사회의 규칙에 영향을 받는다.
- **때에 맞는(Timely)** : 인간은 때에 따라서 다르게 반응한다.

이 네 가지 요소는 각 영어 단어의 첫 번째 글자를 따서 'EAST'라고 부르기도 한답니다. 참고로 영어 단어 'EAST'는 '동쪽'이라는 뜻이에요.

각 요소는 앞으로 자세히 설명할 거예요. 이 네 가지 요소를 활용하면 사람들이 지금과 다르게 행동하도록 자연스럽게 이끌 수 있어요. 전 세계에서 널리 쓰이는 넛지 이론은 사람들이 바람직하게 행동하도록 도움을 주고 있답니다. 이를테면 지하철 승강장의 바닥에 선이 그려져 있으면 사람들은 그 선에 따라서 줄을 설 거예요. 바닥에 그려진 선은 지하철을 기다리는 사람들이 반듯하게 줄을 서도록 등을 살짝 밀어주는 것이지요. 넛지는 바로 이런 것이랍니다.

넛지 이론의 'EAST'란?

Easy (→92쪽) → 쉬운

인간은 귀찮은 일을 싫어해서 쉽고 편한 행동을 하고 싶어 한다.

Attractive (→94쪽) → 매력적인

인간은 자신이 매력적이라고 느끼는 행동을 택하기 쉽다.

Social (→96쪽) → 사회적인

인간은 사회 규칙이나 다른 사람의 시선을 신경 써서 그들과 같은 행동을 하고 싶어 한다.

Timely (→98쪽) → 때에 맞는

인간은 때에 따라서 행동이 바뀌곤 한다.

제5장 인간의 마음을 자연스럽게 이끄는 '넛지 이론'

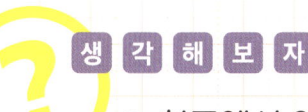
생각해보자
- 학교에서 여러분이 올바르게 행동하도록 밀어주는 '넛지'를 찾아보세요.

3

넛지 이론의 'E'를 알아보자!

★ 인간은 되도록 쉽게 결정하고 싶어 한다!

"오늘은 집에 가서 바로 숙제할까?, 오늘은 누구랑 놀까?"처럼 여러분도 날마다 여러 가지를 결정해요.

학교를 마치고 식당에 갔더니 아주머니에게 "여기에 적어 둔 열다섯 가지 메뉴에서 골라 보렴."이라는 말을 들었다고 상상해 보세요. '열다섯 가지에서 고르라고? 그건 좀 귀찮은데.' 하는 생각이 들지 않나요? 이렇듯 무언가를 선택하는 결정은 생각보다 귀찮은 일이에요.

열다섯 가지 메뉴에서 볶음밥에만 '추천 메뉴'라고 쓰여 있다고 해 볼게요. 돈가스가 먹고 싶더라도 볶음밥이 너무 싫지 않다면 '추천 메뉴로 먹어야지.'라고 결정할 확률이 높아요. '추천 메뉴'라는 말이 볶음밥을 고르도록 등을 살짝 밀어준 셈이지요.

이렇듯 귀찮은 결정을 간편하게 해서 특정 선택지를 고르도록 이끄는 것은 'E'를 활용한 대표적인 방법 가운데 하나랍니다.

볶음밥에만 쓰인 '추천 메뉴'는 가게에서 가장 간단하게 만들 수 있는 볶음밥을 고르게 하려는 작전이었을지도 몰라요. 입장을 바꿔서 여러분이 요리해야 한다면 이와 같은 방법으로 상대방이 쉽게 이 요리를 선택하도록 할 수 있을 거예요.

인간은 무언가를 고를 때 쉬운 쪽을 선택하곤 해요!

인간은 귀찮은 일을 싫어해서 쉽고 편한 행동을 선택하고 싶어 한다.

▶ **자세한 예**

① 기본 설정 효과

처음 정한 내용을 그대로 따르는 경향을 이용한다.

[예]
- 처음 정한 내용을 바꾸지 않는 사람이 많으므로 처음부터 고객이 사용해 주기 바라는 대로 둔다.
- 선택해 주기 바라는 것에 '추천'이라고 써 두면 고객은 그것을 고르기 쉽다.

② 귀찮은 일을 되도록 줄이기

귀찮지 않은 일을 하고 싶어 하는 경향을 이용한다.

[예]
- 바닥에 줄을 그어서 사람들이 복잡하게 생각하지 않고 자연스럽게 줄을 서도록 한다.
- 선택을 번거로워하는 사람을 위해 '추천 메뉴'를 만들어 둔다.

③ 메시지를 단순하게 만들기

이해하기 쉽다면 기꺼이 하려고 하는 경향을 이용한다.

[예]
- 말 대신 화살표를 이용하여 사람들이 같은 방향으로 이동하도록 한다.
- 전원 버튼처럼 중요한 버튼은 색을 다르게 하여 누르기 쉽게 만든다.

우리의 등을 살짝 밀어주는 것들이 참 많지요?

제 5 장 인간의 마음을 자연스럽게 이끄는 '넛지 이론'

생각해 보자

- '생각하기 귀찮으니까 그냥 이걸로 하자.'라고 생각한 적이 있나요?
- 여러분이 상대방에게 선택지를 주는 쪽이라면 넛지를 어떻게 활용하겠나요?

4

넛지 이론의 'A'를 알아보자!

★ 인간은 매력적으로 느껴지는 것을 하고 싶어 한다!

이번에는 EAST 가운데 A를 알아볼게요. 여러분은 집안일을 돕거나 공부하기보다 게임을 하거나 인스타그램을 보는 것을 더 좋아할 거예요. 부모님이 "공부 좀 하렴!"이라고 아무리 혼내도 공부하지 않아요. 이는 인간이 재밌는 것을 하고 싶어 하는지라 어쩔 수 없는 노릇이지요.

넛지 이론은 세상을 더 나은 방향으로 이끌어 줘요. 그래서 넛지의 'A'는 게임이나 인스타그램보다 바람직한 행동인 집안일이나 공부가 더 하고 싶도록 여러분의 등을 살짝 밀어준답니다. 오른쪽 페이지의 사진에 나와 있는 건반 모양의 계단은 실제로 밟으면 소리가 나요. 그런 계단이 눈앞에 있다면 '에스컬레이터가 있으니 계단으로 올라갈 필요는 없지.'라고 생각하던 사람도 밟으면 소리가 난다는 사실에 계단을 이용하고 싶은 마음이 생기지 않을까요? 계단을 이용해야 하는 이유를 생각하게 하기보다, 왠지 모르게 계단을 이용하고 싶게 하는 거예요. 오른쪽 페이지의 사진에 나온 계단은 비만율이 높은 멕시코의 지하철역에 있어요. 비만인 사람이 잠깐이라도 운동하게 하려는 장치이지요. 비만은 다른 병으로 이어질 위험이 있으니 이와 같은 장치로 사람들이 건강해지도록 이끄는 거예요.

인간은 매력적으로 느껴지는 것을 하고 싶어 해요!

A ttractive

매력적인

> 인간은 매력적이라고 느끼는 행동을 선택하기 쉽다.

▶ 자세한 예

❶ 관심을 끌기

관심이 가는 것을 해 보고 싶어 하는 경향을 이용한다.

[예]
- 계단을 이용하도록 하기 위해서 피아노 모양으로 계단을 만들고 밟으면 소리가 나게 한다.
- 쓰레기를 쓰레기통에 버리도록 하기 위해서 쓰레기통에 쓰레기를 넣으면 소리가 나게 한다.

❷ 이익을 얻게 하기

특정 행동에 준비한 보상을 받지 못하면 손해라는 생각이 들게 한다.

[예]
- 유행성 감염병으로 사회적 거리 두기를 지키도록 명절에 고향으로 가지 않는 사람들에게 쌀과 마스크를 선물한다.
- 안전벨트를 매면 원하는 동영상을 볼 수 있게 해 준다.

비만율이 높은 멕시코의 지하철역에 있는 피아노 계단이에요. 밟으면 소리가 나는 계단은 사람들의 관심을 끌고 이용자를 늘렸답니다.

생 각 해 보 자

- 여러분이 경험해 본 넛지의 'A'를 떠올려 보세요!
- 이익인 행동을 하지 않으면 손해를 봤다는 기분이 드나요?

사진 출처 : Victor.Aguirre-Lopez/CC BY-SA 3.0

5

넛지 이론의 'S'를 알아보자!

★ 인간은 다른 사람의 시선을 신경 쓰면서 행동한다!

고대 그리스의 유명한 철학자인 아리스토텔레스(Aristoteles)는 "인간은 사회적인 동물이다."라고 했어요. 혼자서 살아가지 못하는 인간은 세상에서 다른 인간과 함께 살아가는 사회적인 동물이에요. 이 때문에 사회의 시선이나 다른 사람의 행동을 신경 쓴답니다. 잠옷을 입고 학교에 가지 않고 길에서 침을 뱉지 않는 까닭은 다른 사람의 시선을 신경 쓰기 때문이에요. 마트의 계산대 앞에 사람들이 줄을 서 있다면 다들 줄을 서서 기다리니 줄의 맨 뒤로 가서 서는 것이지요.

세상에는 누가 하나하나 알려 주지 않아도 모두가 지키는 규칙이 있어요. 그러한 규칙이나 다른 사람들의 시선을 신경 쓰게 해서 사람들과 똑같이 행동하게 하는 것이 넛지의 'S'예요.

교실의 게시판에서 "우리 반 학생의 90%는 숙제를 제때 내고 있습니다." 라고 쓰인 포스터를 봤다고 상상해 보세요. 여러분이 아직 숙제하지 않았거나 숙제를 내야 하는 날짜를 지키지 못할 상황이라면 '앗, 다들 착실하게 숙제하고 있나 봐. 이러다 큰일 나겠네······.'라고 생각할 거예요. 이렇듯 다른 사람의 시선을 신경 쓰는 인간의 특징을 이용하면 더 바람직한 방향으로 행동을 이끌어 낼 수 있어요.

인간은 다른 사람들과 같은 행동을 하고 싶어 해요.

S ocial
사회적인

> 인간은 사회의 규칙이나 다른 사람의 시선을 신경 쓰기 때문에 같은 행동을 하고 싶어 한다!

▶ **자세한 예**

❶ 사회의 규칙을 알려 주기

다른 사람이 어떻게 행동하는지에 신경 쓰는 경향을 이용한다.

[예] ● 백신 접종을 한 사람들이 많다는 사실을 강조하여 백신 접종을 권한다.
● 아파트 주민들이 다 함께 인사를 주고받아 자연스럽게 인사하는 분위기를 만든다.

❷ 사람들에게 자신의 목표 선언하기

약속을 지키려고 하는 경향을 이용한다.

[예] ● 주위 사람들에게 자신의 목표를 이야기해 목표를 이루는 행동을 하게 한다.
● 수첩에 자신의 목표를 적고 그와 관련된 행동을 한다.

다른 사람에게 자신의 목표를 말하고 싶지 않다면 눈에 잘 보이는 달력이나 수첩에 적어 스스로와 약속해 보세요. 목표를 달성할 수 있는 행동을 계속할 수 있어요.

? 생각해보자

- 다른 사람의 시선을 신경 쓸 때가 있나요?
- 여러분이 주변 사람들과 다르게 행동한다는 것을 알아차렸을 때 그들과 같은 행동을 하고 싶어지나요?

6

넛지 이론의 'T'를 알아보자!

★ 때에 따라서 인간의 행동이 바뀐다!

인간은 상황에 따라서 다르게 행동할 때가 있어요. 평소라면 하지 않을 일, 귀찮아서 하기 싫은 일이라도 때에 따라서 부담 없이 할 수 있지요.

이를테면, 갑자기 "1년 뒤에 이루고 싶은 목표를 세워 보렴."이라는 말을 들으면 '왜 갑자기 목표를 세우라는 거지? 귀찮은데.'라는 생각부터 들 수 있어요. 하지만 새해가 시작되는 1월 1일에 같은 말을 들으면 어떤 목표를 세울지 긍정적으로 고민하지요. 신기하게도 같은 일을 두고 때에 따라 기분이나 행동이 달라지는 거예요.

사실 목표는 언제든지 세울 수 있어요. 그런데 많은 사람이 새해나 새 학기처럼 무언가가 새로 시작하는 시기에 목표를 세워요. 아무 날도 아닌 8월 12일이나 11월 8일보다, 1월 1일, 3월 1일이면 목표를 세우고 싶은 마음이 자연스럽게 들기 때문이에요.

인간의 의욕은 한결같지 않아요. 같은 사람이라도 때에 따라서 의욕이 샘솟기도 하고 바닥나기도 하므로 행동은 쉽게 바뀌기 마련이에요. 그러한 특성을 이용하는 것이 넛지의 'T'랍니다.

인간은 딱 좋은 시기라고 생각할 때 행동하기 쉬워요.

Timely — 때에 맞는

> 인간은 때에 따라서 행동이 바뀌곤 한다.

▶ **자세한 예**

❶ 부탁이 있다면 때를 잘 봐서 이야기하기

인간은 '딱 좋은 때'라는 생각이 들면 쉽게 행동으로 옮긴다.

[예]
- 중학교에 입학하는 시기에 용돈을 올려 달라고 하면 이루어질 확률이 높다.
- 평소에 목표를 세우지 않는 사람도 새해가 되면 목표를 세우고 싶어진다.

❷ 현재 편향(64쪽) 이용하기

효과가 금방 나타나거나 바로 이익을 얻을 것 같을 때 행동으로 옮기기 쉽다.

[예]
- 날마다 몸무게를 재서 과식하지 않도록 주의한다.
- "지금부터 세일합니다!"라는 말을 들으면 사고 싶어진다.

살을 빼고 싶을 때 날마다 몸무게를 재 보세요. 늘어난 몸무게를 바로 확인하면 다이어트를 나중으로 미루지 않을 수 있어요.

❓ 생각해 보자

- 어떤 때는 전혀 하고 싶지 않았던 일이지만 다른 때는 충분히 할 수 있었던 일이 있나요?
- 결과를 바로 확인할 수 있으면 의욕이 생기지 않나요?

7

넛지를 잘못 이용하면 '슬러지'가 된다!

★ 세상에는 나쁜 넛지도 많다!

넛지는 인간이 더 나은 선택을 할 수 있도록 팔꿈치로 쿡 찌르거나 등을 살짝 밀 듯이 자연스럽게 도와주는 거라고 했지요? 이 넛지를 잘못 이용하면 더 나은 선택이 아니라 나쁜 선택과 방향으로 갈 수 있어요. 이와 같은 나쁜 넛지를 '슬러지(Sludge)'라고 한답니다. 영어 표현인 슬러지는 우리말로 '진흙'이라는 뜻이에요.

인터넷에서는 슬러지를 아주 많이 찾을 수 있어요. 많은 웹 사이트에서는 고객을 모으기 위해 회원 가입 순서를 쉽게 만들어요. 하지만 탈퇴할 때는 어렵게 만들지요. 이 가운데 직접 통화하지 않으면 탈퇴할 수 없는 곳도 있어요. 이는 탈퇴하고 싶어 하는 사람이 자신에게 좋은 선택을 하거나 현명하게 결정하지 못하도록 방해하는 것이지요. '귀찮으니까 그냥 이대로 두자…….'라고 생각하도록 말이에요.

이러한 슬러지가 많아지면 피해를 입는 사람이 늘어나는 만큼 세상은 더 나아지지 않아요. 세상에는 넛지뿐만 아니라 좋은 선택을 방해하는 '슬러지'도 있다는 사실을 꼭 기억하세요.

나쁜 넛지인 '슬러지'란?

슬러지
더 나은 선택이나 현명한 결정을 방해하는 나쁜 넛지.

 슬러지에는 '나쁜 방향으로 이끄는 슬러지'와 '좋은 방향으로 가지 못하게 방해하는 슬러지' 두 가지 종류가 있어요.

《자세한 예》

❶ 나쁜 방향으로 이끄는 슬러지

[예] 어떤 서비스에 가입할 때 기본으로 돈을 내는 항목에 체크가 되어 있다.
→ 돈을 내고 싶지 않은 사람도 그대로 두면 결제하게 된다.

❷ 좋은 방향으로 가는 것을 방해하는 슬러지

[예] 웹 사이트의 탈퇴 순서가 매우 번거롭다.
→ 순서가 복잡해서 탈퇴를 포기하게 한다.

 세상이 더 나아지는 것을 방해하는 슬러지는 수도관 안에 쌓여서 물이 흐르는 걸 방해하는 진흙 같은 존재구나!

수도관 안에 쌓인 진흙이 '슬러지'의 어원이에요.

 **생 각 해 보 자**

- 누가 슬러지를 만드는 것 같은지 상상해 보세요!
- 여러분 주변에서 슬러지를 찾아보세요!

8

부스트를 이용하여 더 나은 방향으로!

★ 의식적으로 좋은 선택을 할 수 있도록 만들자!

넛지는 세상을 더 나은 곳으로 만들기 위해서 자연스럽게 좋은 선택을 하도록 이끄는 것이라고 했어요. 세상이 더 좋아질 수 있다면 살며시 미는 정도가 아니라 힘을 주어 떠밀어도 괜찮을 거예요. 넛지보다 강하게 행동을 이끌어 내는 것을 '부스트(Boost)'라고 해요. 영어 표현인 부스트는 "힘주어 밀어 올리다."라는 뜻이에요.

부스트는 넛지와 마찬가지로 인간이 생각하고 행동하는 데에 영향을 줘요. 하지만 크게 다른 점이 있어요. 넛지는 직접 생각하고 행동할 때 작동하기 때문에 사람들이 자신도 모르게 더 나은 선택을 하도록 이끌어요. 분명한 이유가 있어서 그렇게 선택하는 것은 아니지요. 넛지가 없다면 다시 같은 상황일 때 나쁜 선택을 할지도 몰라요. 그렇다면 좋은 행동은 쭉 이어지지 못해요. 또 사람들은 넛지가 없으면 나쁜 선택을 할 수도 있어서, 일일이 넛지로 좋은 행동을 끌어내지 않으면 안 돼요.

부스트는 합리적으로 생각하고 행동할 때 작동해요. 넛지에게 영향을 받아서 자연스럽게 좋은 선택을 한 사람이 분명한 이유를 가지고 좋은 선택을 계속할 수 있도록 돕는답니다.

넛지에서 한 걸음 더 나아가 부스트로!

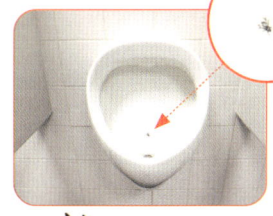

- **넛지를 활용한 대표 사례, 남자 화장실 소변기의 파리 스티커**

여자들은 거의 본 적이 없겠지만, 남자 화장실의 소변기에는 바닥을 깨끗하게 유지하기 위해서 붙인 파리 스티커가 있어요. "인간은 목표물을 맞추고 싶어 한다."라는 특징을 이용한 넛지예요. 이 스티커 덕분에 화장실 바닥을 더럽히는 사람이 줄어들었다고 해요.

 이런 스티커가 붙어 있으면 저절로 파리를 맞추고 싶어질 것 같아요.

 왜 스티커를 붙여 놓았는지 이유를 알겠나요?

 사람들을 즐겁게 해 주려고 붙인 것 아닌가요?

 소변기 밖으로 새어 나가는 소변을 줄이려고 마련한 넛지예요. 이렇게 해 두면 사람들이 파리 스티커가 왜 붙어 있는지 이유를 몰라도 화장실 바닥은 계속 깨끗하겠죠?

 그런 이유가 있었군요!

 한편 이 스티커를 붙인 이유를 알면 '바닥을 더럽히지 않기 위해 주의해야겠다.'라고 생각하겠죠? 스티커가 없는 소변기를 사용할 때도 조심할 거예요. 이처럼 스스로 행동하게 하는 것을 '부스트'라고 해요.

- '넛지'가 활용된다는 사실을 알아챘다면, 넛지가 있는 이유를 생각해 보고 행동하면 더 좋지 않을까요?

COLUMN

경제학과 뇌 과학이 만난 신경경제학이란?

행동경제학은 심리적인 면에서 인간의 행동을 탐구하는 '심리학'과 '경제학'이 더해져 탄생한 학문이에요. 최근 들어 더욱 새로운 학문으로 주목받는 분야가 있어요. 바로 '신경경제학'이에요.

신경경제학은 심리뿐만 아니라 뇌의 구조를 바탕으로 인간의 행동을 탐구하는 학문이에요. 앞에서는 행동경제학이 기존 경제학에서 설명하지 못한 행동을 설명하는 학문이라고 했어요. 신경경제학은 기존 경제학은 물론 행동경제학에서도 설명하지 못한 행동을 이해하는 학문이에요. 더 자세히 말해 보자면, 어떤 일이 일어났을 때 뇌의 여러 곳에서 생기는 반응을 살펴보고 인간이 어떻게 결정하는지 밝혀내려고 하지요. 이를테면 인간이 어떤 상황에 놓였을 때 뇌에서 감정을 맡는 '대뇌변연계'가 어떻게 반응했고 이성을 맡는 '전전두엽'의 활동은 얼마나 활발해졌는지 관찰해요. 그것이 인간의 행동에 어떤 영향을 주는지 연구한답니다.

과학 기술이 지금보다 발전하면 뇌의 구조도 더욱 자세하게 관찰할 수 있어요. 그런 변화와 함께 신경경제학은 앞으로 더욱 관심을 받을 학문이 분명해요.

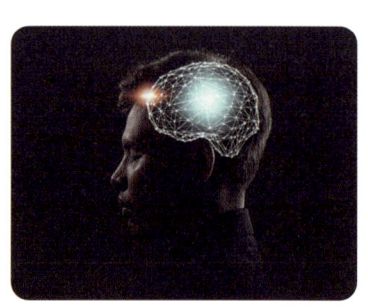

제 **6** 장

행동경제학을 생활에 알맞게 써 보자!

1

받고 싶은 생일 선물을 자연스럽게 부탁해 보자!

★ 가장 원하는 것을 세 가지 선택지의 가운데 두면 받을 수 있을지도 몰라!

부모님께 "생일 선물로 뭐 받고 싶어?"라는 말을 듣고 고민한 적이 있나요? 그럴 때는 극단적인 선택지를 피하고 싶어 하는 '극단 회피성(78쪽)'으로 작전을 세워 보세요.

새로 나온 스마트폰(30만 원)을 생일 선물로 받고 싶다면 그보다 비싼 50만 원짜리 스마트폰과 가성비가 좋은 10만 원짜리 스마트폰까지 세 가지 선택지를 내보이는 거예요. 50만 원짜리 스마트폰을 갖고 싶다고 바로 이야기한다면 "초등학생이 쓰기에는 너무 비싸잖아!"라며 혼만 나고 부모님이 더 이상 이야기를 들어 주지 않을 수 있어요. 솔직하게 30만 원짜리 스마트폰이 갖고 싶다고 이야기했어도 같은 상황이 벌어질 수 있고요.

세 가지 선택지를 내보이면 부모님의 마음이 바뀔 수 있어요. 가운데 선택지를 선호하는 극단 회피성이 효과를 보인다면 말이에요.

여러분이 극단 회피성을 이용하고 있다는 사실을 들키는 바람에 "그럼 10만 원짜리로 사 줄게."라는 답이 돌아올 수도 있어요. 하지만 행동경제학 지식을 실제로 써 볼 수 있는 좋은 기회일 수 있답니다.

갖고 싶은 것을 선물로 받기 위한 작전을 세워 봐요!

이제 곧 생일이구나. 선물로 뭘 받고 싶니?

30만 원짜리 스마트폰이 갖고 싶어요!

그건 너무 비싸잖아! 좀 더 싼 걸로 골라!

뭔가 좋은 방법이 없을까?

작전

'극단 회피성(78쪽)'을 이용한 작전. 세 가지 선택지를 내놓으면서 가장 갖고 싶은 것을 가운데에 둔다!

50만 원짜리 스마트폰이 갖고 싶긴 한데 가성비 좋은 10만 원짜리 스마트폰도 괜찮아요. 하지만 30만 원짜리 스마트폰이 제일 마음에 들어요. 그걸 사 주시면 공부도 정말 열심히 할게요!

꼭 들어 주신다고 보장할 수는 없지만, '극단 회피성(78쪽)'이 효과를 낸다면 자연스럽게 가운데 선택지인 30만 원짜리 스마트폰을 사 주실지도 몰라요.

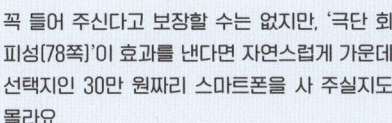

생각해 보자

- 친구의 생일 파티에 케이크를 가져가기로 했을 때 빵집에서 가장 비싼 케이크를 고르겠나요? 아니면 가장 싼 케이크를 고르겠나요? 이때 너무 비싸지도 않고 너무 싸지도 않은 케이크로 사지 않았나요?

2

용돈을 올리기 위한 작전을 짜 보자!

★ 닻 내림 효과로 성공할 수 있다?

지금보다 용돈이 오르기를 바라는 친구들이 많을 거예요. 여태껏 몇 번이고 용돈을 올려 달라고 했지만 한 번도 받아들여진 적이 없다면 행동경제학 지식을 이용해 보세요. 이번에야말로 원하는 결과를 얻을 수 있을지도 몰라요.

지금 용돈은 한 달에 5,000원인데 10,000원으로 오르기를 바란다고 해 볼게요. 그렇다면 아예 "15,000원으로 올려 주세요."라고 원하는 금액보다 조금 더 큰 금액을 말해 보세요. 이는 15,000원을 기준으로 삼는 '닻 내림 효과(76쪽)'를 이용하는 작전이지요.

운 좋게 처음 말한 금액이 받아들여지면 정말 기쁠 거예요. 하지만 부모님은 대부분 그렇게 순순히 부탁을 들어 주지는 않아요. 분명 "안 돼!"라고 거절할 게 뻔하죠. 앞서 이야기한 작전은 부모님이 처음 말한 금액을 신경 쓰게 하는 거예요. 그러고 나서 "그럼 14,000원은 어때요?"라며 금액을 조금씩 줄여서 계속 물어보는 거죠. 처음부터 "10,000원으로 올려 주세요."라고 했다면 단칼에 거절당할 수 있겠지만 15,000원을 기준으로 만들면 '10,000원 정도는 괜찮겠지.'라고 생각할 가능성이 커져요.

다만 너무 욕심을 내서 터무니없이 높은 금액을 말하면 혼나기만 하고 더 이상 이야기를 들어주지 않을 수 있다는 점을 명심하세요.

용돈을 올리는 방법을 생각해 봐요!

지금 용돈은 5,000원인데 친구들은 그것보다 훨씬 많이 받아요. 저도 다음 달부터는 용돈을 올려 주세요!

올려 줄지 말지는 고민해 봐야겠지만 얼마를 원하는지 말해 보렴.

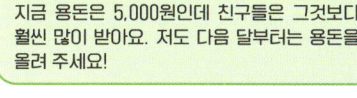

기필코 용돈을 올리고 말겠어! 뭔가 좋은 방법 없을까?

작전 닻 내림 효과(76쪽)를 이용한 작전. 처음에는 희망 금액보다 조금 높은 금액을 말하고 희망 금액으로 점점 낮춰 본다!

15,000원으로 올려 주세요. 그게 안 되면 14,000원으로요. 아니면 13,000원이요. 12,000원은요? 그럼 10,000원으로 올려 주세요. 그 정도는 괜찮잖아요!

바로 10,000원이라고 말하지 말고 처음에 조금 높은 금액을 말해서 부모님이 그 금액을 신경 쓰게 해 보세요. 그다음 금액을 조금씩 낮추다 보면, '그 정도는 괜찮지.'라고 생각하시면서 용돈을 올려 주실 수 있어요.

생각해 보자

- 용돈을 올려 주기를 바랄 때 원하는 금액보다 조금 높은 금액부터 말해 본 적이 있나요?

3

판매자가 파 놓은 함정에 빠지지 않으려면?

★ 필요 없는 물건은 아무리 싸도 이익이 아니다!

물건을 파는 사람들은 행동경제학으로 다양한 함정을 만들어 놓아요. 그 가운데 고객들이 싸다고 생각하게 하는 광고 문구를 특히 많이 써요.

"50% 할인! 오늘 하루만 이 가격! 당신에게만 제공하는 특가!"

이렇듯 여러 가지 매력적인 표현을 사용하지요. 이런 말을 듣고 여러분의 마음이 움직이기 시작했다면 꼭 해야 하는 게 있어요. 광고 문구를 보지 않았다면 그 물건을 사고 싶어 했을지 스스로에게 물어보는 것이에요.

늘 갖고 싶었지만 가격이 너무 비싸서 사지 못했던 물건이 있어요. 때마침 할인해서 샀다면 후회할 일이 없고 만족스럽게 사용할 수 있어요. 이는 합리적인 판단이지요. 전에는 한 번도 갖고 싶다고 생각해 본 적이 없는 물건이에요. 그때 광고 문구에 휘둘려서 이 정도로 싸면 사는 게 이익이라며 갑자기 사고 싶다면 주의해야 해요. 이를테면 10만 원짜리 물건이 90% 할인하여 1만 원에 살 수 있다고 해 볼게요. 나에게 필요한 물건이 아니라면 아무리 싸게 샀다고 해도 이익을 봤다고 할 수 있을까요? '10만 원짜리 물건을 1만 원에 샀다!'가 아니라 '전혀 살 생각이 없었던 필요 없는 물건에 1만 원이나 썼다!'라고 생각해야 하지 않을까요?

판매자의 작전에 걸려들지 않는 방법을 생각해 봐요!

'할인, 특가' 같은 말을 보면 왠지 모르게 사고 싶어져. 그리고 물건을 사고 나면 왠지 돈을 낭비한 것 같아서 후회돼.

'가격이 내려갔다 = 이익이다!'라는 생각이 들어서 사고 싶어진 것 아닐까?

나도 모르게 그런 생각이 드는 걸 어떡해. 앞으로는 어떻게 하면 좋을까?

작전: '50% 할인, 특가'처럼 끌리는 문구를 봤다면 한 걸음 물러서서 '정말 갖고 싶은가?'를 생각해 보도록 한다!

갖고 싶다는 마음이 갑자기 생겼을 때 마음을 진정시키고 정말 필요한 물건인지 고민해 보면 정확하게 판단할 수 있겠어요.

필요 없는 물건은 아무리 싸게 사도 이익은커녕 손해예요. 돈을 모으지 못하는 사람들은 대부분 '이 정도로 싸면 사는 게 이익이야!'라고 생각하며 이것저것 사들인답니다.

- 그다지 갖고 싶지 않은 물건을 싸다는 이유로 산 적이 있나요?
- 물건을 사러 갔을 때 판매자가 어떤 편향을 활용해서 물건을 팔고 있는지 관찰해 보세요.

4

돈을 모으는 비법은 저절로 모이게 하는 것!

★ 기본 설정 효과를 활용하면 돈을 모을 수 있다?

'용돈을 차곡차곡 모아서 내년에는 ○○을 사야지!' 하고 굳게 다짐하지만, 시간이 아무리 지나도 돈을 모으지 못하는 친구들이 많지요? 돈을 모으기도 전에 여기저기에 돈을 쓰기 때문이지요. 그러면서도 자신은 돈을 모을 수 있다고 생각해요. 그래서 돈을 모으겠다고 또 다짐하고 모으기도 전에 써 버리는 일을 반복해요. 정말 돈을 모으고 싶다면 바뀌어야 해요.

그런 친구들에게 넛지 가운데 하나인 '기본 설정 효과(93쪽)'를 활용한 작전을 추천해요. 이를테면 한 달 용돈이 10,000원이라고 해 볼게요. '그중에 5,000원은 저금해야지!'라고 마음먹어도 다음 달 용돈을 받는 날까지 5,000원을 남기지 않으면 저금할 수 없어요. 그러니 부모님께 "한 달 용돈에서 5,000원은 저금해 주세요!"라고 부탁해서 자동으로 돈이 모이도록 처음부터 정해 보세요.

용돈이 부족해서 "저금해 둔 돈을 쓰고 싶어요."라고 말하면 잔소리나 꾸중을 들어요. 그게 싫어서라도 '남은 돈으로 어떻게든 지내 보자.'라고 생각할 거예요. 이 결과로 돈이 모이게 된답니다. 기본 설정 효과로 모아 둔 돈을 꺼내는 일을 번거롭게 해 보세요.

돈을 모으는 방법을 생각해 봐요!

 돈을 모으고 싶은데 여기저기에 조금씩 쓰는 바람에 전혀 모이지 않아. 연말까지 모은 돈으로 드론을 사고 싶은데…….

 모으고 싶다면서 자꾸 쓴다니, 큰일이네. 너에게도 비합리적인 면이 있구나. 우리가 배운 기본 설정 효과를 써 보면 어때?

 그게 뭐였지? 들어 본 적은 있는데. 그걸 활용하면 나도 돈을 모을 수 있을까?

작전 '기본 설정 효과(93쪽)'를 이용한 작전. 용돈에서 저금할 돈을 빼고 나머지를 받는다.

 나의 한 달 용돈은 10,000원인데 5,000원은 어머니가 저금해 주시고 나머지 5,000원만 쓰고 있어. 그러면 돈이 모인다니까!

 "용돈에서 일정 금액을 저금한 나머지를 받는다."를 기본으로 정해 두다니 좋은 방법이에요. 그러면 남은 돈으로 어떻게든 한 달을 지내려고 할 테니까요.

  생각해보자

- 돈이 모이지 않아서 걱정인가요? 혹시 용돈에서 쓰고 남은 돈을 저금하려고 하지 않았나요?
- 저금한 돈이 늘어나면 '보유 효과'가 생길 것 같지 않나요?

5

실패를 두려워하는 마음을 깨부수자!

★ 현상 유지를 바라지만 이마저도 어려울 수 있다?

'실패하면 어쩌지?' 하는 걱정에 사로잡혀서 사실 해 보고 싶은 마음을 누르고 도전하지 못했던 적이 있나요?

우리에게는 '현상 유지 편향(66쪽)'이 있어서 "지금과 달라지는 건 두려워, 새로운 무언가를 시작하기는 귀찮아."라고 느낄 수 있어요. 그럼에도 현상 유지 편향에 빠져서 새로운 일에 도전하지 못한다면 그야말로 더 위험한 일일지 몰라요.

여러분이 축구 선수라고 상상해 보세요. '주전 선수로 뽑히기 위해 현재 상태만 유지하면 돼. 경기에서 실수하기 싫으니까 적당히 뛰어야지.'라고 생각한다면 어떨까요? 동료 선수가 새로운 훈련을 받고 좋은 플레이를 하기 위해서 실수를 두려워하지 않고 다양한 기술을 쓰며 최선을 다해 능력을 키워 나간다면요? 아마 팀에서 여러분의 서열은 낮아지고 주전 선수에서 떨어질 가능성이 많아질 거예요.

공부나 일도 마찬가지예요. 여러분은 도전하지 않는데 주변 사람들이 성장하기 위해 노력한다면 현상 유지를 하고 싶어도 할 수 없어요. 그렇게 생각하면 실패하기보다 현상 유지 편향에 빠져 있는 쪽이 더 걱정스럽지 않나요?

실패보다 도전하지 않는 것을 두려워해야 해요!

겁이 나서 새로운 일에 도전하지 못하겠어…… 지금 이 정도로도 괜찮다고 만족하게 되고…….

실패하지 않는 사람은 없어! "실패는 성공의 어머니."라는 말도 있잖아! 현상 유지만 하다가는 도전하는 사람들에게 뒤처지고 말 거야!

나도 이런 성격을 바꾸고 싶은데 좋은 방법이 없을까?

 작전

'현상 유지 편향(66쪽)'이 비합리적이라는 사실을 활용한 작전! 도전하지 않았을 때 얻을 불이익을 생각해 본다.

내가 현상 유지를 해도 다른 사람들이 도전하고 있다면 점점 뒤처질 거야. 그거야말로 실패보다 더 무서운 일일지 몰라. 그렇게 생각하니 새로운 도전을 해야겠다는 마음이 생기는걸?

도전에는 실패가 따르기 마련이고, 새로운 일을 시작하기가 귀찮게 느껴질 수도 있어요. 하지만 여러분은 편안한 곳에 머무르기보다 현상 유지 편향을 깨부수는 사람이 되었으면 해요.

 **생각해 보자**

- 실패를 두려워한 나머지 새로운 도전 앞에서 움츠러든 적이 있나요?
- '도전하는 나'와 '도전하지 못하는 나' 가운데 어느 쪽이 마음에 드나요?

COLUMN

학문은 연결되어 있다!

행동경제학은 경제학 지식과 심리학 지식이 모두 필요한 학문이에요. 이전에는 두 학문을 연관해 생각하는 사람이 없었어요.

여러분은 학교에서 여러 과목을 배우고 있지요? 그런데 국어와 영어, 사회와 과학 사이에 아무런 관련이 없다고 생각하는 친구들도 있어요. 하지만 어떤 과목의 지식이 전혀 예상하지 못한 곳에서 쓰일 때가 있어요. 또 서로 관련이 없다고 생각한 과목이 의외의 부분에서 이어질 때도 있어요. 이를테면 영어를 우리말로 해석할 때나 문장으로 이루어진 수학 문제를 이해할 때는 국어 실력이 있어야 해요. 과학 실험을 할 때 수학 지식이 없으면 측정이나 계산을 제대로 할 수 없고요.

앞으로는 행동경제학처럼 서로 다른 분야의 지식이 이어져 탄생하는 새로운 학문이 점점 더 필요해질 거예요. 어디에서 어떤 학문이 연결될지 예상할 수 없기 때문이에요. 다양한 분야에 관심을 가지고 두루두루 공부해 두면 언젠가 "공부하기를 잘했다!" 싶은 순간이 찾아온답니다. 그럼 여러분에게 있는 가능성은 더욱 풍부해질 거예요.

좋아하지 않는 과목의 지식도 의외의 곳에서 도움이 될 수 있어요!

제 7 장

행동경제학을 잘 이용하는 마음가짐

1

자신의 감정에 솔직하게 따라 보자!

★ 행동경제학만 생각하는 것은 바람직할까?

비합리적인 것보다 합리적인 것이 대부분 좋아요. 하지만 모든 일에서 합리적인 것만이 바람직할까요? 이를테면 유튜브나 인스타그램을 즐겨본다면 이는 합리적인 행동일까요? 아니면 비합리적인 행동일까요? 이런 생각이 든다면 유튜브나 인스타그램을 순수하게 즐기지 못해요.

인간은 자신의 감정에 솔직하게 따라서 행동할 때가 많아요. 정말 재미있으니 컴퓨터 게임을 계속하듯 말이에요. '친구들이 하니까 동조 효과 때문에 나도 하는 것 아닐까?' 하는 생각이 들 수도 있어요. 또 고민하는 일은 전혀 즐겁지 않아요. 따라서 재미있는 일은 마음껏 즐기면 되는 거예요. 애초에 "합리적이다, 비합리적이다."를 따지기만 한다면 어린이답지 않아요.

물론 자신의 감정만 따르다 보면 편향에 빠져서 잘못 판단할 수도 있어요. 하지만 여러분에게는 행동경제학보다 자신이 좋아하고 관심 있는 것을 순수하게 즐기는 경험이 더 중요하답니다.

행동경제학은 감정적으로 행동하다가 실수한 것 같은 순간에 떠올려 보고 행동을 바꾸는 데에 이용하면 좋아요. 그런 식으로 조금씩 합리적으로 행동할 수 있다면 충분하답니다.

- 자신이 좋아하는 것이 이익일지 손해일지 일일이 따지면 피곤하지 않을까요?
- 모든 사람이 합리적인 행동만 했다면 세상은 어떻게 되었을지 상상해 보세요!

2

이익과 손해를 따지면서 친구를 사귀지 마라!

★ 이익만 따지면 진정한 친구를 찾을 수 없다!

행동경제학을 배우다 보면 무언가를 보는 눈이 달라질 거예요. 친구를 사귈 때도 그럴 수 있지요. 행동경제학의 눈으로 이익인지 손해인지 따져서 친구로 지낼지 결정한다면 어떨까요? '저 아이는 공부하다가 모르는 건 나에게 물어보면서, 나한테는 아무것도 알려 주지 않으니 친구가 되면 손해야, 저 아이는 그렇게 좋아하지 않지만 내가 읽고 싶은 만화책을 빌려주니 친하게 지내면 이익이야.' 이렇게 생각할지도 몰라요.

지금 여러분 곁에 있는 친구는 나에게 이익이 되니 사귀는 것이 아니에요. 그 친구는 여러분이 읽고 싶은 만화책을 갖고 있지 않을 수 있어요. 하지만 이야기를 나누는 게 즐거워서, 나에게 친절하게 대해 주어서, 함께 놀고 싶은 마음이 들어서 친해진 친구예요.

누구에게나 좋아하는 것과 싫어하는 것이 있어요. 머릿속으로 하나하나 고민해서 이익인지 손해인지 따지며 친구를 사귄다면 어떤 사람이 좋고 어떤 사람이 싫은지 결정하는 기준이 이상해질 거예요. 앞에서(118쪽) 자신의 감정에 솔직하게 따르라고 이야기했어요. 사람에 대해서도 마찬가지예요. 가족에게 어떤 기준으로 친구를 사귀는지 물어보세요. 아마 이익이 되니 친구로 지낸다고 답하는 사람은 하나도 없을 거예요.

이익인지 손해인지 따져서 친구를
선택한다면 진정한 친구는 사귈 수 없다!

생각해 보자

- 나에게 이익이 되는 사람과 친구가 되나요? 아니면 내가 좋아하는 사람과 친구가 되나요?
- 여러분을 '친하게 지내면 이익'이라고 생각하는 친구가 있다면 기분이 어떨까요?

3

"작은 손해를 보고 큰 이익을 얻어라."라는 말을 기억하자!

★ 눈앞의 이익만 좇으면 큰 손해를 입을 수 있다!

"손해를 보고 싶지 않다."라는 바람은 당연해요. 하지만 그 마음이 커져서 언제나 행동경제학을 기준으로 판단하려는 태도는 바람직할까요?

이 질문의 답은 "작은 손해를 보고 큰 이익을 얻어라."라는 말에서 찾을 수 있어요. 이 말은 "지금 당장은 손해를 보는 듯해도 미래에 큰 이익으로 돌아온다고 생각하라."라는 뜻이랍니다. 많은 돈을 벌려고 적은 돈을 들여서 바가지를 씌워 물건을 파는 상점이 있다고 해 볼게요. 처음에는 물건의 가격을 잘 모르는 고객이나 특이한 모습에 매력을 느낀 고객이 물건을 사서 돈을 꽤 벌 수도 있어요. 하지만 인터넷에서 "터무니없는 가격이다."라는 평이 퍼지면 고객들은 발길을 끊어요. 멀리 봤을 때 고객이 오지 않는다면 큰 손해이지요.

일본 기업 파나소닉의 창업자인 마쓰시타 고노스케는 '경영의 신'으로 불리며 지금까지 많은 사람에게 존경받고 있어요. 그는 작은 손해를 보고 얻는 큰 이익이 얼마나 중요한지 이야기했어요. 오른쪽 페이지에 실어 놓은 이야기는 장사하는 사람들이 갖추어야 할 태도로 널리 알려져 있어요. "손해를 보고 싶지 않다."라는 마음이 강하면 "나만 좋으면 된다."라는 생각에 빠지기 쉬워요. 그런 사람과 친하게 지내거나 함께 일하고 싶어 하는 사람은 없어요. 이런 생각이 오히려 큰 손해가 아닐까요?

경영의 신이 이야기하는 '작은 손해를 보고 큰 이익을 얻기'

'경영의 신'이라 불리는 파나소닉의 창업자

마쓰시타 고노스케
(1894년 11월 27일~1989년 4월 27일)

일본 와카야마현 출생. 9세에 학교를 그만두고 돈을 벌기 위해 오사카로 갔다. 그 후 1918년에 현재의 파나소닉(당시에는 마쓰시타 전기 산업)을 세우고 대기업으로 키워 냈다.

"나 역시 어린 시절에 부모님께 배운 것은, 장사꾼이란 '작은 손해를 보고 큰 이익을 얻어야 한다.'라는 것이었다. 당장 보는 작은 손해를 아까워해서는 장사꾼으로서 성공할 수 없다는 말이었다. 그 말은 장사뿐만 아니라 세상에 통하는 이야기다. 개인의 삶이나 사회생활에 공통으로 해당하는 이야기라고 생각한다."

여러분은 '손해는 절대 보지 않고 이익만 얻어야지!'라고 생각하지 않나요?

제 7 장 행동경제학을 잘 이용하는 마음가짐

 생각해 보자

- 눈앞의 이익만 좇다가 나중에 손해를 본 적이 있나요?
- 자신의 이익만 좇는 사람을 어떻게 생각하나요?
- 여러분은 주변 사람들의 이익을 생각하면서 행동하나요?

4

합리만 따지는 인생은 지루하다!

★ 인생에는 쓸데없는 것도 필요하다!

행동경제학을 배우다 보면 합리적으로 행동하는 사람으로 성장할 수 있을 거예요. 이는 돈을 아껴 쓰고 시간도 허비하지 않는 사람이에요. 이처럼 돈과 시간을 낭비하지 않고 합리적으로 행동하며 더 나아지는 것은 중요해요.

하지만 합리성만 좇다 보면 인생이 따분해질 수도 있어요. 이를테면 게임보다 공부가 훨씬 더 가치 있으니 모든 사람이 게임은 하면 안 돼.'라고 생각한다면 세상에서 즐거움이 사라지고 말아요. '지금까지 게임을 했으니 이제부터 공부를 열심히 해야지!'라는 생각처럼 쓸데없는 일을 하고 나서 자신에게 중요한 일을 해야겠다는 마음이 더 중요해요. 외식하러 가서 이 식당의 요리 가격이 적당한지 따지기만 한다면 즐거울까요? 먹고 싶은 것을 결정하는 편이 훨씬 즐거울 거예요.

물론 합리적인 결정은 중요해요. 그런데 100점 만점의 합리성을 좇다 보면 무리한 행동을 하고 말아요. 행동경제학은 행복하게 살아가는 데 도움이 되는 수단이지 그 자체가 목적은 아니랍니다. 쓸데없는 일을 하며 즐겁게 보낸 시간은 낭비가 아니에요. 작은 손해를 본 뒤에 큰 이익을 얻을 수도 있다는 것을 기억하세요. 뭐든지 합리적으로 하려고만 하면 행복하게 살아갈 수 없어요.

생각해 보자

- 즐거운 일을 모두 포기하면서까지 이익을 얻고 싶나요?
- 손해를 보지 않으려고 즐거움을 모두 희생하는 행동이 타당하다고 생각하나요?

참고 자료

- 《상식 밖의 경제학》(댄 애리얼리 지음, 청림출판, 2018)
- 《행동경제학 사용법》(국내 미출간)
- 《현대경제학 : 게임이론, 행동경제학, 제도론》(국내 미출간)
- 《알아두면 돈이 되는 행동경제학》(아베 마코토 지음, 북커스, 2022)
- 《오늘부터 활용하는 행동경제학》(국내 미출간)
- 《(정보를 올바르게 선택하기 위한) 인지 편향 사전》(국내 미출간)

찾아보기

기타
Attractive	90, 91, 94
EAST	90
Easy	90, 91, 92
Social	90, 91, 96
Timely	90, 91, 98

ㄱ
가용성 휴리스틱	59
경제 실험실	86
경제학	38
계획 오류	63, 74
극단 회피성	63, 78
기댓값	46, 48
기본 설정 효과	93
기준점과 조정 휴리스틱	59

ㄴ
넛지 이론	88
노벨경제학상	42

ㄷ
닻 내림 효과	63, 76, 108
대니얼 카너먼	39, 42
대표성 휴리스틱	59
독재자 게임	60
동조 효과	63, 70

ㄹ
리처드 탈러	39, 42, 88

ㅁ
마쓰시타 고노스케	122, 123
매몰 비용 오류	63, 80
메타버스	34

ㅂ
보유 효과	63, 84
부스트	102

ㅅ
손실 회피성	54
슬러지	100
시스티메틱	56
실험경제학	60

ㅇ
아모스 트버스키	42
이타심	40

ㅈ
자유주의적 개입주의	88
전망 이론	44

ㅊ
최후 통첩 게임	60

ㅌ
틀 효과	63, 82

ㅍ
편향	62

ㅎ
행동경제학	38
현상 유지 편향	63, 66, 114
현장 실험	86
현재 편향	63, 64, 99
확실성 효과	50
휴리스틱	56, 58
희소성 원리	72

KODOMO KOUDOU KEIZAIGAKU
Copyright © 2022 bound inc.
All rights reserved.
No part of this book may be used or reproduced in any manner
whatsoever without written permission except in the case of brief quotations
embodied in critical articles and reviews.
Originally published in Japan in 2022 by KANZEN CORP.
Korean Translation Copyright © 2023 by BOMNAMU PUBLISHERS, AN IMPRINT OF
HANSMEDIA INC
Korean edition is published by arrangement with KANZEN CORP.
through BC Agency.

● 이 책의 한국어판 저작권은 BC에이전시를 통해 저작권자와 독점 계약을 맺은 봄나무에 있습니다.
● 저작권법에 의해 한국 내에서 보호를 받는 저작물이므로 무단 전재와 복제를 금합니다.

우리는 행동경제학에 진심

2023년 7월 17일 초판 발행
바운드 지음 ● 이누카이 케이고 감수 ● 이정현 옮김

펴낸이 김기옥 ● 펴낸곳 봄나무 ● 아동 본부장 박재성
편집 한수정 ● 디자인 나은민 ● 판매전략팀 김선주, 서지운
제작 김형식 ● 지원 고광현, 임민진
등록 제313-2004-50호(2004년 2월 25일)
주소 121-839 서울시 마포구 양화로 11길 13(서교동, 강원빌딩 5층)
전화 02-325-6694 ● 팩스 02-707-0198 ● 이메일 info@hansmedia.com
● 봄나무 홈페이지 https://www.hansmedia.com
● 봄나무 인스타그램 https://www.instagram.com/_bomnamu
● 봄나무 블로그 https://blog.naver.com/bomnamu_books

도서주문 한즈미디어(주)
주소 121-839 서울시 마포구 양화로 11길 13(서교동, 강원빌딩 5층)
전화 02-707-0337 ● 팩스 02-707-0198
ISBN 979-11-5613-217-2 73300

● 이 책 내용의 일부 또는 전부를 사용하려면 반드시 저작권자와 봄나무 양측의 동의를 얻어야 합니다.
● 책값은 뒤표지에 나와 있습니다.